Remo Kroll und Frank-Rainer Schurich

Postraub am Spreekanal

Von Remo Kroll und Frank-Rainer Schurich liegen bei Bild und Heimat außerdem vor:

Die Tote von Wandlitz *und zwei weitere Fälle*
(Blutiger Osten, 2017)

Tötungsdelikt Gisela G. *und zwei weitere Fälle*
(Blutiger Osten, 2018)

Brudermord *und zwei weitere wahre Verbrechen von Sowjetsoldaten in der DDR* (2018)

Remo Kroll und Frank-Rainer Schurich

Postraub am Spreekanal

und zwei weitere Verbrechen

Bild und Heimat

ISBN 978-3-95958-178-3

1. Auflage dieser Ausgabe
© 2018 by BEBUG mbH / Bild und Heimat, Berlin
Umschlaggestaltung: capa
Umschlagabbildung: Chris Keller / bobsairport
Druck und Bindung: CPI Moravia Books s. r. o.
In Kooperation mit der SUPERillu

www.superillu-shop.de

Inhalt

Vorwort 7

Der Telefonmörder von Marzahn 11

Postraub am Spreekanal 109

Hippokratischer Verrat 181

Literatur 247

Abkürzungen 249

Vorwort

In unserem Buch *Die Tote von Wandlitz* stellen wir drei spektakuläre Mordfälle aus der DDR vor, die alle einen Bezug zur Gegend um die Gemeinde Wandlitz haben. Die Verbrechen, über die wir im Buch *Tötungsdelikt Gisela G.* berichten, spielen alle in Berlin, der Hauptstadt der DDR. Nunmehr schildern wir in *Postraub am Spreekanal* drei Kriminalfälle, die sich in der DDR in den Jahren 1977 bis 1979 in Berlin-Mitte sowie in Gera, 1979 in Senftenberg und 1985 bis 1987 in Berlin-Marzahn ereigneten. Zu allen Fällen liegen aussagefähige Kriminalakten vor; außerdem haben wir die Fachliteratur, zeitgenössische Lexika und Zeitungsarchive bemüht. Es wird also im Sinne der Wahrheitsfindung wieder rundum spannend werden.

Allerdings treten in diesem dritten Band unserer authentischen DDR-Kriminalfälle die Tötungsdelikte ein wenig zurück. Im Marzahner Verbrechen (fünf Mordversuche) und im Senftenberger Fall (ebenfalls multiple Mordversuche) wird zwar das Thema Morduntersuchung in der DDR behandelt, doch es gibt keine Toten. Und das war für die potentiellen Opfer ja auch gut so.

Der Postraub in der Wassergasse in der Nähe des Spreekanals ist hingegen ein schweres Raubdelikt, inszeniert von einem hochintelligenten Täter. Es wäre als perfektes Verbrechen in die Kriminalgeschichte eingegangen – hätte sich der Räuber nicht einem Kumpel anvertraut. Dieser war Inoffizieller Mitarbeiter des Ministeriums für Staatssicherheit und half durch seine Informationen entscheidend mit, den Verbrecher zur Strecke zu bringen.

Nicht unerwähnt soll bleiben, dass zwei der hier sezierten Fälle den Stoff für Filme der bekannten DDR-Krimireihe *Polizeiruf 110* lieferten.

Wie für unsere anderen Bücher haben wir uns ohne Rücksicht auf die Staubentwicklung durch die Akten gewühlt, jede Seite und zusätzlich authentische Zeitungsartikel gelesen und ausgewertet. Wir rekonstruieren die Begehungsweisen genau, analysieren die Ermittlungsansätze und stellen die zum Teil sehr überraschende Aufklärung der Kriminalfälle dar. Wir fragen nach den Tätern, nach ihren Biographien, nach ihren Vorstrafen und Motiven. Wir schildern, was die Opfer erlitten haben, und kommen immer wieder auf die Gedankenarbeit der Kriminalisten zurück, die zunächst mit Hypothesen, Versionen oder Vermutungen arbeiten müssen. »Wir stellen Vermutungen an«, sagt Kommissar Wallander im Buch *Mord im Herbst* von Henning Mankell. »Ich tue es ... Weil wir nichts wissen. Aber die Vermutungen können uns helfen voranzukommen. Auch wenn sie sich später als falsch erweisen.« So fragen wir auch nach Ermittlungsfehlern, aber nie besserwisserisch, weil falsche Fährten untrennbar mit der zuweilen sehr komplizierten und komplexen kriminalistischen Arbeit verbunden sind. Nur der, der einem Verbrecher halbherzig auf der Spur ist und nichts unternimmt, wird keine Fehler machen.

Und wir haben versucht, das zu beherzigen, was der Schriftsteller Hans Magnus Enzensberger am Schluss seiner literarischen Biographie *Hammerstein oder Der Ei-*

gensinn. Eine deutsche Geschichte so brillant formulierte: »Wie jeder Kriminalist aus bitterer Erfahrung weiß, sind die Aussagen von Augenzeugen nicht immer für bare Münze zu nehmen. Selbst gutwillige Berichte fallen nicht selten lückenhaft oder widersprüchlich aus. Geltungssucht und Schönfärberei können ebenso Verwirrung stiften wie ein schwaches Gedächtnis oder blanke Lügen. Mit den schriftlichen Quellen sieht es nicht besser aus. Das Wort Dokument suggeriert eine Glaubwürdigkeit, mit der es oft nicht weit her ist. Memoiren aus großem zeitlichem Abstand leiden unter den Schleifspuren der Vergesslichkeit. Noch das geringste Problem ist die glatte Fälschung; man kann sie entlarven. Schon eher stört die spezifische Mischung aus Pedanterie und Schlamperei, die in entwickelten Bürokratien üblich ist. Noch gefährlicher wirken sich politisch motivierte Verzerrungen aus. Ganz besondere Vorsicht ist angebracht, wo es ... um Quellen aus der Sphäre der Geheimdienste geht.«

Die Namen der Täter, Opfer und Zeugen sowie einige Handlungsorte haben wir aus personenrechtlichen Gründen verändert. Für die so neu erfundenen Namen erklären der Verlag und die Autoren, dass Personen mit diesen Namen in den behandelten drei Kriminalfällen niemals existiert oder agiert haben. Übereinstimmungen sind rein zufällig.

Zitate aus den Originaldokumenten, zum Beispiel aus Gutachten und Vernehmungsprotokollen, sind wie die dazugehörige Dokumentenquelle oft *kursiv* gesetzt. Dadurch ist im Sinne einer besseren Lesbarkeit auf den ersten Blick sichtbar, welche Details und Aussagen zitiert wurden. Die Abbildungen sind bis auf einige Ausnahmen den Akten der BStU entnommen. Bei der Nutzung anderer Quellen weisen wir bei den jeweiligen Bildern darauf hin.

Wir danken allen sehr herzlich, die unser Projekt unterstützt haben, namentlich Frau Christel Brandt von der BStU für die Bereitstellung der Akten, Herrn Rainer Rau und Herrn Jürgen Brühmann für die freundliche Bereitstellung des Panoramafotos von Marzahn und der Multicar-Abbildung.

In diesem Buch treten wieder fachlich sehr gut ausgebildete Kriminalisten auf, die sich das Ziel gesetzt haben, Straftaten aufzudecken, zu untersuchen und aufzuklären. Sie wurden von dem Willen getragen, auch mit einer exzellenten kriminalistischen Denk- und Praxisarbeit die Wahrheit festzustellen und die Täter zu überführen. Das ist in allen drei Fällen beeindruckend gelungen. Zudem können viele der Berichte und Protokolle heute noch in der Ausbildung von Kriminalisten verwendet werden, sozusagen als Musterakten für die künftigen Untersucher, Fahnder und Ermittler.

Remo Kroll und Frank-Rainer Schurich

Der Telefonmörder von Marzahn

»Fernseher und Telefon werden mitgeliefert, als Verbindungsfäden mit den unwirklichen Welten hinter uns, vor uns«, schrieb der US-amerikanische Schriftsteller John Updike in seiner brillanten Erzählung *Wie man Amerika gleichzeitig liebt und verlässt*. Diese unwirkliche Welt gab es wider Erwarten auch in Berlin, der Hauptstadt der DDR, in der dieser unheimliche Kriminalfall spielt. Wir schreiben das Jahr 1985, als alles begann, und wir befinden uns in Marzahn.

Dieser Stadtbezirk wurde 1979 aus den östlichen, sich bis an die Berliner Stadtgrenze erstreckenden Teilen des Stadtbezirkes Lichtenberg sowie aus einem nach Norden angrenzenden Abschnitt des Stadtbezirkes Weißensee gebildet. Die Ortsteile waren im Norden Marzahn und Hellersdorf, in Süden Biesdorf, Kaulsdorf und Mahlsdorf. Seit 1976 wurde in Marzahn kräftig gebaut. Es war das umfangreichste Bauvorhaben der DDR, und es war geplant, eine neue Stadt für mehr als 150 000 Einwohner zu errichten, und zwar auf dem westlichen Teil dieses Territoriums, südlich und nördlich des ehemaligen Angerdorfes Marzahn.

Das war eine gewaltige Aufgabe, die neue Stadt wuchs und wuchs. Mit einer ausgefeilten Infrastruktur: Schulen, Kindergärten, Kinderkrippen, Kaufhallen, Gaststätten, Läden und Clubs für Jugendliche und Senioren schossen wie Pilze aus der Erde, ebenso das notwendige unterirdische Geflecht, das die Menschen und Häuser mit Strom,

Wasser und Abwasser verband. Es entstanden neue Verkehrsverbindungen: eine S-Bahnstrecke, Straßenbahn- und Buslinien, und im Jahr 1985 wurde mit dem Bau der Verlängerung der U-Bahn-Linie E (heute U5) für die Nahverkehrserschließung des Neubaukomplexes Kaulsdorf und Hellersdorf begonnen. Es deutete alles darauf hin, dass vor diesem neuen Stadtbezirk eine gute Zukunft liegen würde.

Panorama von Marzahn. *Foto: Rainer Rau*

Die Ausstattung mit Telefonen durch die Deutsche Post war in Berlin-Marzahn allerdings genauso schlecht wie im übrigen Gebiet der DDR. Das *Fernsprechbuch der Hauptstadt der DDR* aus dem Jahr 1986 umfasste 557 Seiten, und wer ein privates Telefon besaß, konnte froh und glücklich sein. Aber wie dieser Kriminalfall zeigt, war es nicht immer ein Glück, über ein Telefon zu verfügen.

»Das Fernsehen brachte die Mörder zurück in die Wohnungen, da werden sie gebraucht«, hat der englische Filmregisseur und Autor Alfred Hitchcock einmal gesagt. Und wir beweisen mit dieser Kriminalgeschichte, dass auch das ganz normale Telefon in Ausnahmefällen den Hang auslöst, mörderisch in Wohnungen einzudringen, sozusagen als Verbindungsfaden mit den unwirklichen Welten. Das hat Meister Hitchcock schon selbst erkannt, wie uns sein Thriller aus dem Jahr 1953 mit dem Titel *Bei Anruf Mord* zeigt. Also nicht nur Fernseher, auch das Telefon ...

In Marzahn wohnten auch Mitarbeiter des Ministeriums für Staatssicherheit, des MfS, von denen viele einen Telefonanschluss hatten. Ein Mitarbeiter der Hauptabteilung Personenschutz (HA Personenschutz) des MfS verfasste am 30. April 1986 seinem Vorgesetzten eine aufsehenerregende Meldung:

Am 4. April 1986 circa 6.10 Uhr und am 29. April 1986 circa 9.00 Uhr wurden ich bzw. meine Frau von einer unbekannten Person angerufen. Die Person gab sich als Mitarbeiter des Fernsehens der DDR, Urania-Umfrage II, 1199 Berlin, Rudower Chaussee 23, aus. Angeblich suche er Teilnehmer für eine Jugendaufklärungsveranstaltung. Bei Angabe der Adresse werden zwei Eintrittskarten zugeschickt. Das Gespräch am 4. April 1986 wurde von mir mit der Begründung »kein Interesse an der Teilnahme« abgebrochen und meine Frau darüber informiert. Auf den Anruf am 29. April 1986 ist meine Frau näher eingegangen, um Informationen zur Person zu gewinnen. Folgende Angaben konnte sie machen:
– junge Stimme, männlich
– zwischen 20 und 30 Jahre

- *ohne offensichtliche Dialektfärbung*
- *keine grammatikalischen Fehler*
- *gewählte Ausdrucksformen, fließende Gesprächsführung ohne Stockungen*
- *wahrscheinlich akademische Bildung*
- *routinehafter Eindruck*

Der Anrufer versprach bei Beantwortung einer Reihe von Fragen den Gewinn eines Farbfernsehgerätes. Meiner Frau ist an der Gesprächsführung Folgendes aufgefallen: Anfangs wurden scheinbar harmlose Fragen, dann Einzelfragen zu äußerst detaillierten Angaben des intimen Geschlechtslebens, zwischendurch immer wieder zur Auflockerung harmlose Fragen gestellt.

Nach Ansicht meiner Frau wurde das Gespräch möglicherweise auf Band aufgezeichnet, da die Fragen schnell der Antwort folgten. Zum Abschluss des Gespräches verlangte der Anrufer, dass selbst onaniert und ihm die Zeitdauer vom Beginn bis zum Eintritt des Orgasmus genannt werde. Bei Ablehnung dieser Handlung kann das tragbare Farbfernsehgerät nicht gewonnen werden, sondern nur die Eintrittskarten. Der Anrufer betonte mehrfach den wissenschaftlichen Charakter des Gespräches. Er garantierte die »selbstverständliche Einhaltung des Datenschutzes bei dieser Umfrage«. Die Angabe unserer Wohnanschrift wurde mit der Begründung »Wir ziehen demnächst um, und die genaue Anschrift ist noch nicht bekannt« unterlassen.

Eine Nachfrage bei der Fernseh-Urania, Tel. Nr. 6314245, Kollegin Runkelbach ergab, dass bereits mehrfach Bürger wegen dieser angeblichen Veranstaltung nachgefragt hätten. Von Seiten des DDR-Fernsehens wird eine derartige

Sendung oder Veranstaltung nicht durchgeführt. Die Kollegin Runkelbach versicherte, dass die Angelegenheit weitergemeldet wird. Zwecks Rückfragen der VP gab ich ihr die private Telefonnummer.

Am 1. Juni 1986 erhielt der genannte Mitarbeiter der HA Personenschutz einen weiteren Anruf. Alle drei hier erwähnten Telefonate sind auf der später von der Kriminalpolizei im Präsidium der Volkspolizei, Dezernat X, erarbeiteten Liste nicht erfasst worden. Über das dritte Gespräch meldete der Mitarbeiter:

Am 1. Juni 1986 gegen 18 Uhr wurde Unterzeichnender erneut von einer unbekannten Person, die sich als Mitarbeiter der Urania ausgab, angerufen. Als Grund wurde die Durchführung einer Jugendaufklärungsveranstaltung angegeben, zu der eine telefonische Umfrage durchgeführt wird. Die Beantwortung der Fragen am Telefon wurde von mir abgelehnt und der Vorschlag unterbreitet, sich persönlich zu treffen. Ein Treffen in der Wohnung wurde von mir ebenfalls abgelehnt und ein Gespräch in einer gastronomischen Einrichtung in Marzahn 3 vorgeschlagen. Der Anrufer nannte daraufhin das Café Nordspitze *an der Otto-Winzer-Straße. Zu einer Terminvereinbarung kam es nicht, da der Anrufer das Gespräch sofort nach der Nennung des Treffortes abbrach. Genaue Angaben zum Anrufer sind nicht möglich. Als ziemlich sicher kann ich angeben, dass die Person aus dem Berliner Raum stammt, ohne aber vordergründigen Berliner Dialekt zu sprechen. Weiterhin kennt sich die Person in Marzahn aus, da er recht genau sagen konnte, wo dieses Café ist.*

Im Aufgang Bärensteinstraße 19 waren alle Mieter um ein gutes nachbarschaftliches Verhältnis bemüht. Man war sehr froh, in einer hellen und modernen Wohnung zu leben, und man half immer, wenn jemand Hilfe benötigte. Die Wohnungen waren bezahlbar, eine Betriebskostenabrechnung existierte nicht, und es gab eine Hausgemeinschaft, die alles kollektiv regelte, zum Beispiel Reparaturen und vor allem das Zusammenleben, das sich freundlich, kulturvoll und zukunftsorientiert gestaltete. Es wurden Hausfeste und Feiern für die Kinder, so zum Internationalen Tag des Kindes am 1. Juni, organisiert.

Um gegenseitige Hilfe ging es auch am 19. September 1986, als die Lehrerin Ulrike Konrad gegen 18.25 Uhr bei ihrer Nachbarfamilie klingelte, auf deren Türschild kurz und knapp *Hasselbach* stand. Die Eltern waren aber nicht zu Hause, nur die Kinder Ralph und Richard, der die Tür öffnete. Frau Konrad quälte sich nun schon ein paar Tage mit einer Grippe herum und fragte, ob sie sich Nasentropfen ausleihen könne. »Natürlich«, sagte der zehnjährige Richard. »Na klar, ich weiß, wo die stehen. Wir sind ja auch mal krank.«

Ulrike Konrad hörte, wie Ralph, elf Jahre alt, gerade im Wohnzimmer telefonierte. »Jetzt kommt sie!«, rief er sichtlich erleichtert und lief auf den Flur, um der Nachbarin hastig mitzuteilen: »Frau Konrad, jemand vom Fernsehen ist am Telefon, er macht eine Umfrage von der *Fernseh-Urania*. Es sollen Fragen von einer erwachsenen Frau beantwortet werden, und dafür gibt es zwei Eintrittskarten für die *Fernseh-Urania*. Man kann sogar ein Farbfernsehgerät gewinnen!« Und nach einer kleinen

Pause: »Würden Sie ans Telefon gehen und so tun, als wären Sie meine Mutter? Sie können ja was gewinnen!«

Frau Konrad stellte sich am Telefon nicht vor, sagte mehr fragend »Ja?« und vernahm am anderen Ende der Leitung eine höchst sympathische Stimme. Nett, suggestiv und vertrauenserweckend. Ein seriöser Mann zwischen 30 bis 35.

Dieser Mann, der in einer sehr ruhigen Stimmlage, mittlerer Tonhöhe und akzentfreiem Deutsch (»reinstes Schriftdeutsch« – das gab die Deutschlehrerin dann später zu Protokoll) sprach, stellte sich als wissenschaftlicher Mitarbeiter der beliebten DDR-Fernsehsendung *Urania* vor und bat Ulrike Konrad, an einer Befragung zum Sexualverhalten teilzunehmen. Der Datenschutz sei natürlich gewährleistet, die Angaben würden niemals veröffentlicht werden, Anonymität sei zugesichert. »Sind Sie bereit mitzumachen?«

Als der Mann keine Antwort hörte, schob er nach: »Wollen Sie sich die Karten und den Fernsehapparat in Adlershof abholen, oder sollen wir Ihnen das zuschicken?« Jetzt sah es also so aus, als hätte Ulrike Konrad schon einen Fernseher gewonnen!

»Schicken Sie mir das alles zu«, meinte sie jetzt. Das war so gut wie eine Einwilligung zur Teilnahme an der Befragung.

Frau Konrad hatte an der Hochschule in Zwickau studiert, und ihr waren solche Umfragen durchaus vertraut. Es wurden dadurch schließlich neue sozialwissenschaftliche Erkenntnisse gewonnen, und das konnte doch gar nicht schlecht sein. Auch an ihrer Hochschule wurde der Datenschutz streng beachtet, wenn die Studenten im Rahmen der Ausbildung Fragen zur Ideologie und Kultur usw. beantworten mussten.

Durch den Anrufer wurden dann die folgenden Fragen gestellt:
- Alter?
- Körpergröße?
- Haarfarbe?
- Farbe der Schambehaarung?
- Größe des Büstenhalters?
- Durchmesser der Brustwarze?
- Wann entwickelten sich die Geschlechtsmerkmale im Schambereich, wann die Achselbehaarung?
- Mit welchem Alter erster Geschlechtsverkehr?
- Wann erste Selbstbefriedigung?
- Momentan einen festen Partner?
- Wie häufig monatlicher Geschlechtsverkehr?
- Wie viele Koituserlebnisse täglich?
- Welche Stellung beim Geschlechtsverkehr wird bevorzugt?

Ulrike Konrad stieg die Röte ins Gesicht, sie begann zu schwitzen und versuchte, leise zu reden, damit die Jungen der Nachbarin so wenig wie möglich mitbekamen. Sie antwortete mit »ja« oder »nein«, nannte Ziffern und Zahlen, aber wohl war ihr nicht bei diesen Fragen und ihren Antworten. Bei den Stellungen kam sie ein wenig ins Schleudern, denn sie war schon eine aufgeklärte Frau, aber alle diese Begriffe waren ihr in dieser Situation nicht gegenwärtig.

Der nette Anrufer kam ihr entgegen, denn er bot jetzt

einige Stellungen an, zu denen sie nur »ja« oder »nein« sagen brauchte:
- Frau unten, Mann oben?
- Im Stehen?
- Frau oben, Mann unten?
- Von hinten im Stehen?
- Von hinten im Hocken?

Ulrike Konrad hoffte nun, dass die Fragerei zu Ende ist, aber der freundliche Herr fragte unbeirrt weiter:
- Gibt es noch andere Stellungen, die im Geschlechtsleben bevorzugt werden?
- Werden noch andere Varianten der Befriedigung durchgeführt?
- Manueller Kontakt?
- »Cunnilingus«?
- Einführen des männlichen Geschlechtsteils in den Mund der Frau?

»Stopp«, stöhnte Frau Konrad, »mit diesen Begriffen kann ich wirklich nichts anfangen. Ich glaube, wir sollten jetzt Schluss machen.«

»Aber nein, Verehrteste«, hauchte der Mann, »ich erkläre Ihnen alles. Der ›Cunnilingus‹ ist die Reizung der Geschlechtsorgane der Frau mit Lippen, Zähnen und Zunge. Sozusagen der Genitalkuss. Der ist schon ganz alt. Es gibt sogar eine altrömische Plastik, die Faun und Nymphe heißt. Der Faun macht das auch mit der Nymphe.«

»Ach so, das habe ich nicht gewusst.«

»Nicht schlimm, deshalb erkläre ich Ihnen ja alles.«

Nachdem Ulrike Konrad diese Fragen beantwortet hatte, wollte der Mann noch mehr wissen:

- Erregt Sie mehr ein schlaffes oder ein steifes Glied?
- Stellen Sie sich manchmal nackte Männer vor?
- Haben Sie das Bedürfnis nach Geschlechtsverkehr, wenn ein nackter Mann im Fernsehen zu sehen ist?
- Können Sie einen nackten Mann vom Fenster aus beobachten? Wenn ja, haben Sie dadurch das Bedürfnis nach sexueller Befriedigung?
- Sie sind doch zurzeit allein und Ihr Mann ist bei der Nationalen Volksarmee? Wenn das so wäre, haben Sie dann häufiges sexuelles Verlangen und führen manchmal auch manuelle Selbstbefriedigung durch?
- Befriedigen Sie sich jetzt selbst?

Nach diesen heißen Fragen interessierte den netten Herrn, ob Ulrike Konrad einen Fernseher besitzt. Als sie die Frage verneinte, meinte er, jetzt erkläre sich, warum sie so gewissenhaft und wahrheitsgetreu bei der Umfrage der *Fernseh-Urania* mitmache. Zwischenzeitlich hatte sie die Nachbarskinder in ihr Zimmer geschickt und die Wohnzimmertür geschlossen.

»So«, sagte der Mann von der *Fernseh-Urania*, »zum Schluss noch ein kleines Experiment, um die verschiedenen Reizschwellen zu testen. Ich selbst werde mich jetzt ausklinken, also nicht mehr mithören, und die Anweisungen, die ich Ihnen jetzt gebe, müssen Sie unbedingt befolgen. Alles Nachfolgende wird von einem Computer eingespeichert, aufgezeichnet und ausgewertet.«

»Und was sind das nun für Anweisungen?«

»Das ist ganz einfach. Setzen Sie sich ganz bequem hin, legen Sie Ihr Geschlechtsteil frei und manipulieren Sie sich selbst mit den Fingern. Kurz vor dem Höhepunkt müssen Sie unterbrechen, um nach einer kleinen Pause wieder von vorn zu beginnen. Wenn Sie sich dann wieder selbst befriedigen, holen Sie bitte Ralph herein. Den müssen Sie über die Wissenschaftlichkeit des Experiments aufklären. Wenn er das verstanden hat, müssen Sie sich im Beisein des Kindes bis zum Höhepunkt stimulieren. Dabei ist der Kontakt mit dem Kind sehr, sehr wichtig, weil dadurch die Hemmschwelle durch den Computer ermittelt werden kann.«

Nach den gegebenen Anweisungen war die Stimme sofort weg, und der Mann legte nach kurzer Zeit auch den Hörer weg. Nun schwante es Ulrike Konrad, dass es hier nicht mit rechten Dingen zugehen konnte. Obwohl niemand zu hören war, versuchte sie, den Kontakt wiederherzustellen.

»Hallo? Hallo? Sind Sie noch dran? Melden Sie sich doch! Das Experiment überschreitet meine Kompetenzen! Hören Sie, was ich gesagt habe? Melden Sie sich doch bitte!«

Niemand meldete sich.

»Hören Sie, dieses Experiment überschreitet meine Kompetenzen! Sagen Sie doch etwas!«

Niemand sagte etwas. So vergingen sieben, acht Minuten. Dann meldete sich die Stimme wieder, ganz freundlich. Der Mann erklärte, dass das Kind die Handlungen nicht verstehe. »Es liegt an Ihnen, das Kind aufzuklären. So ist das nun einmal bei diesem Experiment.«

»Ich bin doch nur die Nachbarin, ich bin gar nicht die Erziehungsberechtigte, das ist ein glatter Irrtum. Verstehen Sie das? Ich darf das Kind gar nicht aufklären.«

Der Anrufer ließ sich vom Jammern und Barmen Ulrike Konrads nicht aus der Ruhe bringen. »Beginnen Sie bitte jetzt mit dem Experiment. Und Sie wissen ja, es wird alles beobachtet und aufgezeichnet. Das verstehen Sie doch, oder?«

Dann legte er auf.

Am 21. September 1986 wurde Ulrike Konrad von der Kriminalpolizei in Marzahn als Geschädigte und Zeugin vernommen. Hier erklärte sie am Schluss der Vernehmung:

Zum anliegenden Sachverhalt möchte ich erwähnen, dass ich wirklich auf das Gespräch eingegangen bin und die Anweisungen, bis zu dem Kind, habe ich alle befolgt. Den Hörer hatte ich dabei am Kopf, und ich sollte dabei die einzelnen Phasen meiner Empfindungen erläutern, was ich nicht tat, da es nicht ging. Bevor die Sache mit dem Kind kam, wurde ich gefragt, ob ich fertig bin, worauf ich mit »ja« antwortete. Bei meinen Handlungen machte ich keine Geräusche am Telefon.

Hinzufügen möchte ich noch, dass folgende Fragen gestellt wurden, die mir bei meinen ersten Angaben entfallen waren:
- *Wer hat mich aufgeklärt?*
- *Wie alt war ich da?*
- *Ob ich auch über Onanie aufgeklärt worden bin?*
- *Wie sich mein Lustgefühl äußert?*
- *Vergleich des Lustgefühls aufgrund des Anrufes mit dem aus der Vergangenheit?*

Es gibt ein Buch mit dem Titel »Liebe und Sexualität

bis 30«, und darin sind Experimente enthalten mit Jugendlichen und Erwachsenen, wobei die Fragestellungen mit denen des Anrufers fast deckungsgleich sind.

Mir kam der Anrufer als ein sehr gebildeter Mensch vor, und die Darstellungen sind so überzeugend gewesen, als wenn wirklich ein Experiment stattfindet. Den Eindruck, dass sich der Mann von meinen Darstellungen selbst befriedigt, hatte ich in keiner Weise. Auch hatte ich den Eindruck, als wenn zwar Stichpunkte zu den Fragestellungen vorhanden gewesen sind, denn die Fragen an sich wurden frei formuliert und nicht abgelesen. Dabei gab es absolut keine Versprecher.

Geräusche im Hintergrund habe ich absolut nicht wahrgenommen. Der Mann muss aus einem geschlossenen Raum angerufen haben, denn im Hintergrund war kein Schall oder Ähnliches wahrzunehmen.

Die Telefonnummer der Familie Hasselbach lautet 5 42 88 90, und sie kann auch im Telefonbuch unter dem Namen Hasselbach, Lothar nachgelesen werden. Ich habe mich mit der Familie Hasselbach über diesen Anruf unterhalten, und sie sagten mir, dass in der Vergangenheit derartige Anrufe noch nicht aufgelaufen sind.

Anhaltspunkte für einen vermutlichen Täter habe ich nicht. Weitere Angaben zum Sachverhalt kann ich nicht mehr machen. Ich habe das Protokoll der Zeugenvernehmung selbst gelesen. Der Inhalt entspricht den von mir gemachten Angaben. Meine Worte wurden richtig wiedergegeben, was ich durch meine Unterschrift bestätige.

Oberleutnant der K Fröbus von der Kriminalpolizei der Volkspolizeiinspektion (VPI) Berlin-Marzahn verabschiedete Ulrike Konrad sehr freundlich und bedankte sich für ihre offene und ehrliche Aussage. Gerade bei Sexualstraftaten, und um eine solche handelte es sich, war es manchmal schwierig, den Geschädigten wahrheitsgemäße Aussagen zu entlocken, wenn sie auf die fiese Masche eines Täters hereingefallen waren, eine Masche, die eigentlich durchschaut werden konnte. Auch Ulrike Konrad hatte nicht erkannt, dass das Anliegen des Anrufers nur gespielt war und er ganz andere Ziele verfolgte, als er ihr weismachen wollte.

Aber hatte sie wirklich alles so geschildert, wie es sich zugetragen hatte? Hatte sie ihren eigenen Anteil, ihr Versagen, nicht in ein besseres Licht gestellt? Oder es zumindest versucht? Oberleutnant der K Fröbus wusste von seiner Ausbildung an der polizeilichen Fachschule in Aschersleben, die auch Kriminalisten ausbildete, dass Anzeigenerstatter im Prinzip ideale Zeugen sind, denn sie zeigen eine große Aussagebereitschaft; ihre Erinnerungen sind relativ frisch, zeigen also Originalität, soweit sie selbst am Geschehen beteiligt sind. Andererseits gibt es auch störende Einflüsse, wenn Erregung und Bestürzung über den fraglichen Vorgang die Oberhand gewinnen. Oder wenn man sich schämt, auf einen Kriminellen hereingefallen zu sein, nicht erkannt zu haben, dass ein verbrecherischer Film abgelaufen ist und man ohne Zwang und Not so viele Intimitäten preisgegeben hat, die man normalerweise keinem Menschen auf dieser Welt erzählen würde. Die Tatsache, dass ein Kriminalist – ein Mann – die Geschädigte vernommen hatte, ist ein weiterer Faktor, der möglicherweise die Vernehmung und damit den Wahrheitsgehalt der Aussage nicht gerade positiv beeinflusste.

Ulrike Konrad hatte einem Wildfremden am Telefon ihre ganzen sexuellen Geheimnisse preisgegeben. Die Scham, dachte Oberleutnant Fröbus, muss sie ja fast erschlagen haben, also sie merkte, was da soeben geschehen war.

So war es auch klar, dass sie in ihrer Aussage bei der Kriminalpolizei versucht hat zu retten, was noch zu retten war. Natürlich gab es ein verdienstvolles Aufklärungsbuch von Kurt Starke und Walter Friedrich mit dem Titel *Liebe und Sexualität bis 30*, aber darin waren weder Experimente mit Jugendlichen und Erwachsenen noch der Fragekatalog des Anrufers enthalten. Schon gar nicht ein solches Experiment, bei dem sich eine Nachbarsfrau vor einem elfjährigen Nachbarsjungen selbst befriedigt. Und auch der Hinweis von Ulrike Konrad auf ihre Studienzeit an der Hochschule Zwickau und auf die dort veranstalteten Umfragen war ein hilflos wirkender Versuch, die Situation noch ein wenig zu retten.

Der Oberleutnant las sich das Protokoll noch einmal durch und ging mit dem Schriftstück ins Nachbarbüro. »Ich glaube«, meinte er zu seinem Kollegen Kracht, ebenfalls Oberleutnant der K, »Frau Konrad hat im Wesentlichen die Wahrheit gesagt und auch nichts weggelassen. Nun ja, ihr Versagen und ihre Vertraulichkeit diesem Fremden gegenüber hat sie wohl ein wenig beschönigt, aber wer würde das nicht tun, wenn man auf einen solchen Sexualverbrecher so brutal hereingefallen ist.«

»Das stimmt«, sagte Kracht. »Und das wäre dann unser

39. Fall. Hoffentlich kriegen wir diesen Anormalen bald. Der muss auch in Marzahn wohnen, denn er scheint sich hier gut auszukennen.«

»Es sieht aber nicht so aus, als ob wir bald Erfolg hätten. Eigentlich machen wir doch nichts, als Anzeigen entgegenzunehmen.«

Dann unterhielten sie sich noch eine Weile darüber, warum dieser Sexualtäter eine so große suggestive Kraft auf Frauen und Kinder ausüben konnte. Es hing neben seinem perfekten Kommunikationsstil wohl auch mit dem Ansehen der *Neuen Fernseh-Urania* zusammen, des halbstündigen Wissenschaftsmagazins des DDR-Fernsehens, das über Ländergrenzen hinweg mit der Akademie der Wissenschaften der UdSSR produziert wurde. Die halbstündigen Sendungen liefen von 1974 bis 1991, also auch noch nach dem Ende der DDR, und waren wegen ihrer naturwissenschaftlichen und gesellschaftswissenschaftlichen Themenstellungen sehr beliebt bei der Bevölkerung. Sie waren, würde man heute sagen, ein Quotenbringer – woraus sich auch erklärt, warum so viele Opfer auf den netten Herrn von der *Fernseh-Urania* hereinfielen, der sich fast immer mit *Fernseh-Urania* oder *Neue Fernseh-Urania* vorstellte. Vor 1974, das wusste Kracht, hatte es im Fernsehen der DDR auch schon die *Fernseh-Urania* gegeben, die aber unregelmäßig ausgestrahlt worden war.

»Aber ein wenig blöd ist das schon«, wollte Fröbus eigentlich die Diskussion beenden, denn es war Dienstschluss. »Ein netter Herr, angeblich von der *Fernseh-Urania*, ruft an, befragt die Frauen bis ins intimste Geheimnis und verspricht einen Farbfernseher – und viele fallen drauf rein. Wirklich ein bisschen komisch, und irgendwie auch phänomenal, frei nach dem Motto: ›Was es bei uns alles gibt.‹ Wann hört das endlich auf?«

Kracht, der schon von seinem Schreibtisch aufgestanden war, setzte sich wieder hin. »Noch lange nicht. Wenn die Kunst des Kriminalisten damit beginnen und auch enden würde, von seinem Büro in der Marzahner Marchwitzastraße 16 aus, gemütlich an seinem Schreibtisch sitzend und Kaffee trinkend die Fälle allein durch Gedankenspiele, durch Schlussfolgerungen aufzuklären, hätte er doch einen tollen Beruf. Aber die Realität ist anders. Und in diesem Fall machen wir praktisch nichts anderes, als am Schreibtisch zu sitzen und zu warten. Die Aufgaben eines Kriminalpolizisten und eines Buchhalters haben doch vieles gemeinsam. Wir widmen einen Großteil unserer Zeit der Herstellung und Durchsicht von Akten und Papieren. Und dann warten wir. Auf den nächsten Anruf. Ich glaube, die Sache wird noch schlimm enden. Vielleicht sogar mit einem Mord.«

Fröbus schüttelte den Kopf. »So schlimm wird es schon nicht werden.«

Sie hatten einen gemeinsamen Nachhauseweg, denn sie wohnten im selben Hochhaus. »Nun«, sagte Kracht, »man sollte es gar nicht für möglich halten, aber es gibt schon kaputte Typen bei uns.« Und dann erzählte er eine Geschichte, die er vor kurzem von seinem Kriminalistenkollegen Wolfgang Raeke aus Frankfurt an der Oder gehört hatte.

Ein vorbestrafter Einbrecher wurde wieder geschnappt, weil er sich nach seiner Haftentlassung einen Liebesfilm im Kino angesehen hatte und danach auf dem Weg nach Hause ein Liebespaar beobachtete, das eng umschlungen in einem schwach beleuchteten Hausflur stand – mit recht eindeutigen Bewegungen. Er erregte sich so, dass er wie im Rausch in verschiedene Keller einbrach und nach Fotos von nackten Frauen suchte. Durch seine vergangenen Einbrüche wusste er, dass Zeitschriften wie *Neues Leben* und *Das Magazin* mit Aktbildern in den Kellern zu finden waren. So brach er einen Keller nach dem anderen auf, bis er endlich die ersehnten Bilder fand. Nun starrte er auf ein Aktfoto und befriedigte sich noch im Keller

Rückfall im sexuellen Rausch. *Zeichnung: Wolfgang Raeke*

selbst. »Ich wollte nichts klauen, das können Sie mir glauben«, gab er später zu Protokoll. »In meinem sexuellen Rausch hab ich dann doch noch etwas mitgenommen. Erst in meiner Wohnung merkte ich, was ich da geklaut hatte. In der Schatulle befand sich Spezialwerkzeug. Da macht der Besitzer sicher eine Anzeige, dachte ich, und dann dauert es nur noch zwei Wochen, bis die Polizei vor meiner Tür steht. Deshalb flüchtete ich aus Eisenhüttenstadt. Wollte ja den Sommer nicht im Knast verbringen.«

Fröbus und Kracht waren fast an ihrem Hochhaus angelangt, schauten auf die vielen Fensterfronten der Marzahner Plattenbausiedlung, die schon erleuchtet waren, und hatten wohl denselben Gedanken. Rief vielleicht gerade hinter einer dieser unzähligen Fensterscheiben wieder jemand von der *Fernseh-Urania* an?

Es rief wieder jemand an. Am 17. Oktober 1986 erschien ein Offizier der Hauptabteilung Schutzpolizei des Ministeriums des Innern bei der Marzahner Kriminalpolizei und teilte mit, dass am Vortag gegen 12.45 Uhr eine unbekannte männliche Person in seiner Wohnung in der Karl-Maron-Straße angerufen und sich als Mitarbeiter der *Fernseh-Urania* ausgegeben hatte. Seine fünfzehnjährige Tochter hatte den Anruf entgegengenommen. Nach Angaben der Tochter habe der unbekannte Anrufer angegeben, eine Umfrage im Zusammenhang mit der Jugend- und Eheberatung durchzuführen. Auf die Frage, woher der Anrufer die Telefonnummer habe, habe er zur Antwort gegeben, dass die Umfrage bei der Post angemeldet sei und dass diese Telefonnummern für entsprechende

Altersgruppen zur Verfügung gestellt habe. In diesem Fall sei die Altersgruppe zwischen 14 und 40 Jahren dran gewesen. Der Anrufer hatte sich als »Fernsehen der DDR, Kennwort: Urania-Umfrage Dr. Hoffmann, 1199 Berlin, Rudower Chaussee 23« vorgestellt.

Der Anrufer hatte dann folgende Fragen gestellt:
- Alter, Größe, Haarfarbe?
- Welche Schule?
- Bereits Selbstbefriedigung durchgeführt?
- Schon Petting oder Geschlechtsverkehr durchgeführt?

Wenn sie sich am Telefon selbst befriedigen würde, helfe sie anderen, die Probleme in sexueller Hinsicht hätten, viele hätten sich schon an ihn gewandt und würden Suizidabsichten mit sich tragen, äußerte der unbekannte Anrufer. Wenn sie bereit sei, sich am Telefon selbst zu befriedigen, könne sie ein Farbfernsehgerät gewinnen und zwei Karten für eine *Urania*-Sendung erhalten. Der Mann hatte gefragt, ob sie bereit sei, sich selbst unter konkreter Angabe der einzelnen Handlungen zu befriedigen. Auf die Frage, was passieren würde, wenn sie dem nicht nachkäme, hatte der Anrufer geantwortet, dass sie sich dann nach dem Zivilgesetzbuch strafbar mache. Die Forderung, sich selbst zu befriedigen, war mehrfach wiederholt worden, wobei der Anrufer möglicherweise zeitweilig aus der Leitung gegangen war, jedenfalls hatte es des Öfteren ein eigenartiges Klicken gegeben. Andere Hintergrundgeräusche waren nicht festgestellt worden. Der unbekannte Mann hatte dann unter Androhung von Strafe bei Nichtbeantwortung nach dem Namen und der Wohnanschrift gefragt. Die Tochter des Polizisten hatte entsprechende Angaben gemacht. Danach war die Frage ergangen, ob das Mädchen die Otto-Winzer-Straße kenne und ob sie bereit sei, sich dort den Fernsehapparat sofort abzuholen. Dies war abschlägig beantwortet worden. Letztlich hatte der Täter davon gesprochen, dass sie am Datenverbundnetz angeschlossen seien und das Mädchen nochmals Selbstbefriedigung durchführen solle. Dieses hatte sich dann mit dem Anrufer gestritten und seine Forderung abgelehnt. Daraufhin hatte der Anrufer das Gespräch von sich aus beendet.

Ebenfalls am 17. Oktober 1986 erschien eine Sekretärin bei der Kriminalpolizei der VPI Marzahn und berichtete laut Protokoll von mehreren ominösen Anrufen:

Am gestrigen Tag erhielt ich bzw. meine 12-jährige Tochter insgesamt vier Anrufe, und heute am Morgen rief dieser Mann erneut an. Zusammenfassend möchte ich erst einmal sagen, dass sich dieser Mann mir gegenüber als Mitarbeiter der Fernseh-Urania *mit dem Namen Dr. Köhler oder Köhner vorgestellt hat. Er gab an, dass es um ein neues Aufklärungsbuch für Kinder geht und aus diesem Grund eine wissenschaftliche telefonische Umfrage von Seiten der* Fernseh-Urania *durchgeführt wird. Es geht um das sexuelle Verhalten bei Kindern und wie man sich verhalten würde, wenn zum Beispiel beim Geschlechtsverkehr ein Kind dazukommt. Er fragte mich dann, ob ich bereit wäre, einige Fragen zu beantworten, was ich bejahte. Der Anrufer fragte mich dann, wie viele Kinder ich habe, wie alt die Kinder seien. Ich habe diese Fragen beantwortet. Weiterhin fragte er, ob ich meine Kinder schon aufgeklärt habe, und wenn ja, wie ich das gemacht habe. Er fragte weiterhin, ob ich schon mal onaniert habe und ob ich meine Kinder schon mal dabei ertappt habe, als sie onanierten. Ich habe diese Fragen auch noch, ohne argwöhnisch zu werden, sachlich beantwortet.*

Er sagte dann, dass er noch weitere Fragen hätte. Ich sagte daraufhin, dass ich im Moment die Fragen nicht beantworten könne, da ich Besuch habe und er möchte doch dann später (eine Stunde bis anderthalb Stunden) noch mal anrufen. Daraufhin sagte er: »Sie müssen mir Ihre Telefonnummer geben, da in dem Moment, wenn ich den Telefonhörer auflege, die Telefonnummer durch den Computer automatisch gelöscht wird.« Er sagte weiterhin noch, dass ich mir keine Gedanken zu machen brauche, da meine Angaben unter das Datenschutzgesetz § 170 fallen. Er äußerte in diesem Zusammenhang auch noch, dass das Anwählen der Telefonnummer automatisch erfolgt. Da ich zu diesem Zeitpunkt auch noch keinerlei Argwohn hatte, gab ich diesem Mann auch die Telefonnummer und habe aufgelegt.

Ich war dann nicht zu Hause, als zum zweiten Mal angerufen wurde. Meine Tochter gab an, dass es circa 16.45 Uhr bis 17.00 Uhr gewesen ist. Er stellte sich meiner Tochter ebenfalls als Mitarbeiter der Fernseh-Urania vor und gab an, dass er mit mir schon gesprochen hätte und ich mit einer Befragung meiner Tochter einverstanden sei. Meiner Tochter stellte er dann folgende Fragen:

– Wie alt ist sie?
– Wie ist die Schambehaarung ausgeprägt?
– Ob die Brust schon wächst, und wenn ja, wie groß ist sie?
– Ob sie schon mal onaniert hat?

Dann forderte er meine Tochter auf, sich hinzusetzen, die Hose zu öffnen, so weit, bis die Scheide zu sehen ist. Sie soll sich über die Behaarung streicheln, dabei fragt er, was meine Tochter spürt, und meine Tochter antwortete, dass »es kitzelt«. Er forderte dann meine Tochter auf weiterzumachen, aber doller – »und halte den Telefonhörer daran, damit ich es hören kann«. Meine Tochter sagte dann, dass sie gehört hat, wie der Anrufer dann so komisch gestöhnt hat. Er fragte dann noch, ob sie jetzt was merkt. Meine Tochter sagte dann, dass es immer noch kitzelt. Der Anrufer sagte dann, dass sie weitermachen soll, und hat aufgelegt. Meine Tochter erzählte mir dann noch, dass der Anrufer sehr leise gesprochen hat und sie kaum etwas verstanden hat. Im Hintergrund hat meine Tochter ein gleichmäßiges Rauschen gehört und von Zeit zu Zeit Geräusche, als wenn einzelne Anschläge auf einer Schreibmaschine getätigt werden. Ich möchte an dieser Stelle auch noch angeben, dass der Anrufer sachlich ruhig gesprochen hat, so dass ich ihm zu Beginn tatsächlich Glauben schenkte. Weiterhin hat der Anrufer auch sehr viel mit lateinischen Ausdrücken gesprochen, so dass man den Eindruck von einem sehr intelligenten Menschen hatte. Zur Stimmlage möchte ich sagen, dass es sich anhörte wie die Stimme eines 14- bis 15-Jährigen.

In der weiteren Folge rief der Mann am gestrigen Abend noch zweimal an. Das dritte Mal gegen 19.40 Uhr. Bei diesem Anruf fragte er mich, ob ich bereit bin, noch weitere Fragen zu beantworten. Ich sagte zu. Er stellte mir dann folgende Fragen:
– Wie groß ich bin?
– Gewicht?

- *Haarfarbe oben und unten, wo am meisten behaart (oben drauf, in der Mitte oder zwischen den Beinen)?*
- *Was ich von Sex halte?*
- *Welche Stellungen ich bevorzuge bzw. schon ausgeführt habe (Zwischenfrage: wie er das meint?), Frau unten, Mann oben; Frau oben, Mann unten; sitzend, stehend, gehend, leicht nach vorn gebeugt und eventuell auch hockend.*
- *Ob ich das Glied schon mal in den Mund genommen habe oder es tun würde und ob ich das so lange machen würde bis zum Samenerguss, ob ich den Samen dann runterschlucken bzw. ausspucken würde und wenn ich ihn ausspucke, ob ich das dann langsam oder schnell ausspucken würde?*
- *Ob ich schon mal onaniert habe und wenn ja, was ich dabei gefühlt habe?*

Dann sagte er mir, dass ich somit zwei Eintrittskarten zu der Sendung Fernseh-Urania *in vier Wochen gewonnen habe, und jetzt kann ich einen tragbaren Farbfernseher gewinnen, wenn ich am Telefon onanieren würde und es so mache, dass er es hört. Er gab mir dazu folgende Handlungen vor: Ich möchte die Hosen runterlassen und mit meinem Finger durch die Scheide gehen und immer schneller wie beim Geschlechtsverkehr. Sie wollen den Erregungsablauf messen und sie brauchen es ganz genau und ich brauche mir keine Sorgen machen, er würde nicht mithören. Er würde den Telefonhörer zur Seite legen, und der Computer zeichnet genau auf vom langsamen bis zum schnellen Atmen. Ich habe dann vorgetäuscht, dass ich Besuch bekommen habe, und das Gespräch beendet.*

Ich habe noch vergessen zu erwähnen, dass er gefragt hat: Wie groß meine Brust ist und BH-Größe, Durchmesser der Brustwarzen, Form und Farbe und ob sie schon spitz werden beim Liebesspiel oder erst beim Orgasmus, zu den Stellungen fragte er dann noch, von vorn oder von hinten, aber nicht auf die übliche Weise. Aus dieser Äußerung entnahm ich, dass er Afterverkehr meinte. Er fragte mich, ob ich mir irgendwo Anregungen herholen würde, zum Beispiel wenn im Fernsehen so ein Film laufen würde und ich würde es gut finden, ob ich es dann auch so machen würde, zum Beispiel Lady Chatterley. *Nachdem ich gesagt hatte, dass ich Besuch bekomme, hat er dann auch gleich aufgelegt.*

Gegen 21.20 Uhr meldete er sich wieder. Ich möchte dazu sagen, dass er sich immer gemeldet hat mit »Hier ist die wissenschaftliche Urania, und wir haben schon mal miteinander gesprochen«. Er sagte zu mir, dass ich ja schon die beiden Karten zur Urania-*Sendung bekomme, das ist klar, und er hat sich entschlossen, dass ich den Fernseher bekomme, obwohl ich es nicht gemacht habe. Er will mir den Fernseher vorbeibringen, und ich soll ihm meine Adresse geben. Ich sagte ihm, dass es nicht geht, da ich schon im Nachthemd bin. Daraufhin hat er gelacht und aufgelegt.*

Am heutigen Morgen hat dieser Mann gegen 07.50 Uhr angerufen. »Hier ist wieder die wissenschaftliche Urania, wir kennen uns ja nun schon.« Ich habe immer nur »hallo, hallo« gesagt und aufgelegt. Nach circa 20 Minuten klingelte es wieder, aber als ich den Hörer abnahm, war keiner mehr dran.

Die Hintergrundgeräusche, die meine Tochter erwähnt hat, kann ich bestätigen. Ich habe das Rauschen auch ge-

hört. Allerdings habe ich das andere Geräusch (Schreibmaschine) nicht wahrgenommen. Das Rauschen möchte ich vergleichen mit dem Rauschen eines leeren Magnetbandes, welches abgespielt wird. Ich habe auch noch einmal ein eigenartiges Klicken gehört, welches ich aber nicht zuordnen kann.

Am 29. Oktober 1986 erschien ein Krankenpfleger bei der Marzahner Kriminalpolizei und teilte folgenden Sachverhalt mit:

Am Freitag, dem 10. Oktober 1986, erhielten mein 12-jähriger Sohn Olaf und meine 9-jährige Tochter Marie von einer unbekannten männlichen Person einen Anruf. Der Olaf nahm den Anruf in Empfang. Der Teilnehmer stellte sich als Mitarbeiter der Fernseh-Urania *vor, die zurzeit eine Umfrage macht, bei der es Preise zu gewinnen gibt. Er fragte gleich, ob die Eltern da wären, mein Sohn antwortete »nein«. Es wurde die Frage nach Geschwistern gestellt, und mein Sohn antwortete, dass er eine Schwester hat, die aber gerade zum Training gegangen ist. Der Anrufer sagte, er soll sie schnell zurückrufen, es gibt auch Preise zu gewinnen. Der Olaf rief daraufhin die Marie vom Fenster aus zurück, sie kam dann auch in die Wohnung. Der Anrufer sagte, dass diese Umfrage mit den Eltern abgesprochen wäre. Die Kinder sollten die Wohnzimmertür schließen und dann genau befolgen, was er sagt, und ihm durch das Telefon schildern, was sie dabei empfinden.*

Er verlangte, dass sich beide Kinder ganz ausziehen. Dann sollten sich beide auf den Fußboden legen und sich gegenseitig über die Brust, den Bauch und die Genitalien streicheln. Dabei sollten sie schildern, was sie dabei empfinden. Dann sollte der Olaf seinen Finger in die Scheide der Marie stecken, er sagte dazu: »*Wenn sie sich wehrt, dann musst du sie zwingen.*« *Der Olaf hat aufgrund dieser Aufforderung auch versucht, seinen Finger in die Scheide der Marie zu stecken. Die Marie fing aber an zu weinen, und der Olaf hat dann den Versuch sein lassen. Der Marie hat es Schmerzen bereitet, als der Olaf versuchte, seinen Finger in die Scheide zu stecken. Bis zu diesem Zeitpunkt hatten meine Kinder alles mitgemacht, was diese Person verlangte. Der Olaf hatte den Hörer, sagte aber nicht, dass sie die Aufforderungen des Anrufers nicht mehr befolgten. Dieser forderte nun, dass der Olaf seinen Puller in den Mund der Marie steckt. Er sagte zwar, dass er es gemacht hat, aber er ist dieser Aufforderung nicht nachgekommen.*

Dann hörte die Person auf, Forderungen zu stellen in diese Richtung. Er verlangte, dass sich beide Kinder wieder anziehen sollen und ihm eine Beschreibung ihrer Kleidung geben. Er sagte, dass sie sich jetzt den Preis, einen tragbaren Fernseher oder zwei Karten für die nächste Sendung der Urania *abholen können. Er sagte als Erstes, sie sollen zur Trusetaler 56 kommen, dann sagte er, lieber zur Trusetaler 57, und fragte, ob sie wüssten, wo das ist. Mein Sohn sagte, er weiß, wo es ist. Dann sagte der Anrufer:* »*Es ist besser, wir treffen uns Kaufhalle Liebensteiner Straße.*« *Sie sollten gleich losgehen, es war kurz nach 15.00 Uhr. Dann gingen beide Kinder zur Kaufhalle, zuvor hatten sie ihm aber mitgeteilt, was sie anhaben. Mein Sohn hatte eine blaue Jeans und eine hellgraue, blau-rot abgesetzte Windjacke an, meine Tochter hatte eine Hose und eine hellgraue Jacke mit rosa*

Streifen an. Beide gingen dann auch rechtsseitig von unserem Haus zur Kaufhalle. Dort warteten sie bis 15.40 Uhr, da aber keiner kam, rief mich mein Sohn, da ich inzwischen zu Hause ankam, an. Er teilte mir den Sachverhalt kurz mit, und ich begab mich sofort zur Kaufhalle. Mir ist aber nichts Verdächtiges aufgefallen. Zu diesem Zeitpunkt war überraschend viel Personenbewegung in der Nähe der Kaufhalle, viele spielende Kinder. Zusammen ging ich noch mit den Kindern in der Kaufhalle einkaufen, und dann gingen wir nach Hause. Bis zum jetzigen Zeitpunkt hat diese Person, soweit wie mir bekannt ist, nicht wieder bei uns zu Hause angerufen. Zu Beginn des Gespräches hat der fremde Anrufer die Personalien meiner Kinder abgefragt, das heißt: Name, Vorname, Wohnanschrift und das Alter. Meine Kinder haben ihm diese Personalien wahrheitsgemäß gesagt. Er wusste, wie alt meine Kinder sind.

Ich selbst möchte zum Ausdruck bringen, dass meine Kinder sehr verstört waren. Beide haben sich sehr geschämt, besonders der Große. Er ärgerte sich darüber, dass er auf solch eine Person reingefallen ist. Er brachte zum Ausdruck, dass er die Aufforderungen des Anrufers nur befolgt hat, weil er sagte, es wäre mit den Eltern abgesprochen, zumal sich der Anrufer als Mitarbeiter der Fernseh-Urania *ausgegeben hat. Dann hat dieser Anrufer ja auch einen tragbaren Fernseher versprochen, das war auch ein Grund dafür. Beide Kinder hatten nach diesem Vorfall ziemliche Angst, da er ja die Personalien kannte. Meine Tochter wollte die Kleidung, die sie bei der Verabredung trug, nicht mehr anziehen, weil sie dachte, der Mann erkennt sie damit. Sie sagten, dass es sich bei dem Anrufer um einen Erwachsenen handelt, wei-*

ter konnten sie dazu nichts sagen. Er kannte auch zuvor die Namen meiner Kinder nicht, erst als er sie befragte.

Es war am 28. Januar 1987 ungefähr um 17 Uhr in der Sella-Hasse-Straße in Berlin-Marzahn, die teilweise parallel zur Märkischen Allee (zur DDR-Zeit Heinrich-Rau-Straße) verläuft und von der Mehrower Allee (damals Otto-Winzer-Straße) abgeht. Wir befinden uns also am nördlichen Ende des neuen Stadtbezirkes.

Johann Lucas Meier, 13 Jahre alt, ein Kind noch, aber an der Schwelle zur Pubertät, hatte mit seinen Freunden draußen im Schneematsch gespielt, die Sachen dann im Badezimmer auf einen Haufen geworfen und sich halbwegs gründlich gewaschen. Nun wartete er auf seine Eltern, die beide noch arbeiteten. Papa würde viel später kommen, das wusste er, aber Mama müsste so in einer halben Stunde zu Hause sein. Mit diesem freundlichen Gedanken schaltete er den Fernseher ein; die *Neue Fernseh-Urania* war gerade auf Sendung. Diesmal mit Berichten über ferne Welten und Sterne. Einfach nur spannend.

Da klingelte das Telefon, das in seiner Reichweite im Wohnzimmer stand. Das ist bestimmt Mama, dachte Johann Lucas und nahm den Hörer ab. Vielleicht kommt sie wieder später?

Der Junge hörte eine freundliche Stimme am anderen Ende der Leitung. »Hier ist die *Neue Fernseh-Urania*. Wir machen eine Umfrage.«

Johann Lucas verschlug es die Sprache. Das grenzte ja an ein Wunder! Er sah gerade diese Sendung im Fernsehen, und schon ruft ihn ein Mitarbeiter an.

»Hallo?«, mehr als diese Frage brachte er in seinem Schock nicht über die Lippen.

»Ist deine Mutti da?«

»Nein.«

»Ist denn dein Vati da?«

»Nein.«

»Ist denn dein Bruder da?«

»Nein.«

»Wirklich nicht?«

»Nein.«

»Deine Mutti heißt doch bestimmt mit Vornamen Marianne?«

»Ja.«

»Und dein Vati heißt doch bestimmt Frank?«

»Ja, das stimmt.« Und nach einer Pause: »Woher wissen Sie das?«

»Das ist doch egal. Ich bin jedenfalls von der *Neuen Fernseh-Urania*, und ich mache eine Umfrage, bei der du auch mitmachen kannst. Und stell dir vor, es gibt auch etwas zu gewinnen. Weißt du was?«

»Nein.«

»Halt dich fest, einen tragbaren Farbfernseher und zwei Eintrittskarten für unsere beliebte Fernsehsendung, die *Fernseh-Urania*. Ist das nicht toll?«

»Hört sich gut an. Und was muss ich tun?«

»Nur ein paar Fragen beantworten. Bist du bereit?«

»Und das mit dem Farbfernseher, das stimmt wirklich? Ich habe nämlich keinen in meinem Zimmer ...«

»Na klar, das stimmt wirklich. Du musst nur immer das machen, was ich dir sage. Es ist alles ganz einfach, das kannst du mir glauben. Ich bin schließlich ein leitender Mitarbeiter der *Fernseh-Urania*. Doktor Hoffmann mit Namen.«

Daraufhin sagte Johann Lucas erst einmal gar nichts; es hatte ihm die Sprache verschlagen. Und der Gedanke, in seinem Zimmer einen eigenen Fernseher stehen zu haben und nachts heimlich zu gucken, wenn die Eltern schliefen und nicht meckern konnten, legte sich warm um seine Brust. Es war für den Jungen einfach ein sehr gutes Gefühl.

»Hole bitte jetzt eine mit Wasser gefüllte Schüssel.«

»Geht in Ordnung«, sagte Johann Lucas und ging ins Badezimmer, nahm eine gelbe Plastikschüssel, die auf einem gelben Eimer neben der Toilette stand. Dann lief er wieder ins Wohnzimmer. »Heißes oder kaltes Wasser?«, wollte er vom Anrufer wissen.

»Das ist egal.«

Dann reicht auch kaltes, das spart Energie. So dachte jedenfalls Johann Lucas, füllte das Wasser ein und ging zum Mann von der berühmten *Fernseh-Urania* am Telefon zurück. Die Schüssel mit Wasser stellte er auf den Fußboden neben das Telefontischchen im Wohnzimmer.

»Jetzt knöpf deine Hose auf und nimm deinen Puller raus.«

Johann Lucas knöpfte die Hose seiner Jeans auf und tat es.

»Und nun?«

»Habt ihr einen Fön?«

»Ich glaube, wir haben einen, aber den muss ich erst einmal suchen.« Er legte den Telefonhörer ab und suchte im Bad und im Schlafzimmer der Eltern, fand aber keinen. Er lief zum Telefon zurück, dabei stopfte er seinen Penis wieder in die Hose, denn er störte ihn beim Gehen.

»Ich kann keinen finden. Tut mir leid.«

»Hast du so was wie einen elektrischen Rasierapparat?«

»Ja, ich nicht, aber mein Papa hat einen.«

»Dann hole ihn bitte.«

Johann Lucas tat, wie ihm geheißen. Der Mann gab nun weitere Anweisungen: »Nimm mal das Kabel vom Rasierapparat und stecke dieses in die Steckdose.«

Das gelang dem Jungen aber nicht. »Ich komme nicht ran.«

»Habt ihr eine Verlängerungsschnur?«

»Ja.«

»Dann hole sie bitte.«

Nach wenigen Sekunden lag die Kabeltrommel neben dem Telefon.

»Also, jetzt den Stecker der Kabeltrommel in die Steckdose stecken und das Kabel vom Rasierapparat in die Trommel.«

Johann Lucas folgte diesen Anweisungen. Nun musste er den Rasierapparat in die Schüssel mit Wasser legen.

»Ist dein Puller noch draußen?«

»Ja«, antwortete der Junge und holte seinen Penis wieder aus der Hose.

»So, und nun kommt der Höhepunkt. Stecke jetzt deinen Puller in das Wasser, und dann steckst du das unter Spannung stehende Kabel des Rasierapparates in den Rasierapparat, der ja schon im Wasser liegt.«

Jetzt wurde der Junge misstrauisch, und das war sein

Glück. Das geht hier nicht mit rechten Dingen zu, dachte er sich, das, was ich machen soll, ist doch gefährlich. Lebensgefährlich. Er hatte in Physik immer gut aufgepasst, und er wusste, dass er dann einen gefährlichen Schlag bekommen würde. Er machte also nichts, sagte aber dem Mann von *Fernseh-Urania:* »So, das habe ich jetzt gemacht.«

»Das stimmt ja gar nicht, sei ehrlich.«

»Doch, ich habe es gemacht. Aber woher wollen Sie denn wissen, dass ich es nicht getan habe?«

»Wenn du es gemacht hättest, wäre eine Sicherung herausgeflogen und es ginge kein Strom mehr in der Wohnung«, sagte der Mann. »Na gut, dann nimm die Kabeltrommel und lege diese in die Schüssel mit Wasser, steck den Stecker in die Steckdose und halte deinen Puller in das Wasser. Ich würde dich bitten, ab jetzt immer alles wahrheitsgemäß zu kommentieren, was du gerade machst. Hast du das verstanden?«

Der kleine Physiker war aber wieder schlau. Er legte den Hörer auf das Telefontischchen und tat so, als ob er alle Anweisungen ausführen würde. Das kommentierte er auch so. Er legte also die Kabeltrommel, deren Stecker noch immer in den Steckdose war, in die Schüssel mit Wasser. Der Penis war zwischenzeitlich wieder in der Hose, sogar den Reißverschluss hatte Johann Lucas wieder geschlossen. Das Wasser brummte nun.

»Das Wasser brummt jetzt. Und ich stecke meinen Puller nicht in das Wasser, denn dann würde ich ja einen Schlag bekommen. Ich bin doch nicht blöd. Ich habe in der Schule aufgepasst.«

»Aber nein, du bekommst keinen Schlag, es ist einfach nur gut für die Ärzte, wenn du das machst.«

»Was für Ärzte? Das habe ich nicht verstanden.«

»Nun, wenn die Ärzte dich dann untersuchen, dann haben sie gleich eine Diagnose.«

»Nein, das mache ich nicht. Ich will keinen Stromschlag bekommen. Das Wasser brummt ja noch immer.«

»Na gut«, brabbelte der freundliche Mann von der *Fernseh-Urania*, »dann machen wir es eben anders.« Er musste sich jetzt irgendwie umgedreht haben, denn Johann Lucas hatte das Gefühl, dass die Stimme des Anrufers leiser wurde und er einer anderen Person etwas mitteilte, was der Junge aber nicht genau verstand. Aber es hörte sich so an, als ob sich der Mitarbeiter der *Fernseh-Urania* bei einem Vorgesetzten beschweren würde: »Stellen Sie sich vor, der Junge will das nicht machen!«

Schließlich war der Mann wieder laut und deutlich zu verstehen. »Wohnt denn bei dir im Haus noch ein Mädchen, das ungefähr so alt ist wie du?«

»Ja, über uns.«

»Dann hole dieses Mädchen ans Telefon, aber natürlich nur, wenn es auch zu Hause ist. Aber sage ihr bitte nicht, worum es geht. Dazu bin nur ich berechtigt.«

Johann Lucas ging die Treppe hoch und klingelte bei der Familie über ihnen. Frau Lehmann, eine freundliche Frau, die als Lehrerin arbeitete, öffnete. Der Junge fand sie sehr sympathisch, und er bedauerte, dass er nicht auch so eine tolle Lehrerin hatte. In Mathematik.

Der Junge fragte, ob Louise da ist. Es sei jemand von der *Fernseh-Urania* am Telefon.

»Worum geht es denn?«, wollte die freundliche Frau Lehmann verständlicherweise wissen.

»Es gibt einen Farbfernseher zu gewinnen, wenn ich meinen Puller ins Wasser mit dem Strom stecke. Und jetzt will er noch ein Mädchen befragen, das ungefähr so alt ist wie ich.«

Frau Lehmann verlor sämtliche Gesichtsfarbe. »Junge, was erzählst du denn da. Das ist ja furchtbar. Dieser Mann ist bekannt, der ruft immer Kinder an. Der wird schon von der Polizei gesucht. Geh sofort runter und lege den Hörer auf, ja? Machst du das auch wirklich?«

»Ja, Frau Lehmann.«

Frau Lehmann begleitete den Jungen nicht, und der legte den Hörer nicht auf. Warum auch immer.

»Hallo? Sind Sie noch dran? Ja? Das ist gut. Das Mädchen ist nicht da.«

»Dann müssen wir diesen Fall theoretisch abhandeln. Hat deine Mutti unten auch Haare? Möchtest du auch so viele Haare da unten haben?«

»Nein.«

»Jetzt zu dem Mädchen, das nicht gekommen ist. Würdest du das Mädchen auf den Rücken legen und dich drauflegen?«

»Ja.«

»Würdest du das Mädchen auch ausziehen?«

»Nein.«

»Würdest du dem Mädchen an die Brust fassen?«

»Nein, so etwas mache ich nicht.«

»Würdest du das Mädchen zwischen den Beinen lecken, wenn sie den Schlüpfer ausgezogen hätte?«

»Nein.«

»Warum nicht?«

»Es ist eine Schweinerei.«

»Na gut ...« Und nach ein paar Sekunden: »Gib mir mal deine Adresse.«

»Nein.«

»Warum nicht?«

»Meine Eltern haben mir das verboten. Warum wollen Sie die denn haben?«

»Du hast zwei Karten für die *Fernseh-Urania* gewonnen. Herzlichen Glückwunsch! Also, wo wohnst du?«

»Das sage ich nicht. Frau Lehmann hat mir schon gesagt, dass Sie ein bekannter Anrufer sind, den die Polizei ...«

Der Mann von der *Fernseh-Urania* legte den Hörer auf. Johann Lucas kam gar nicht dazu, seinen Satz zu beenden. Er schaute verstört auf seine Uhr, die 17.45 Uhr anzeigte, zog sich seinen Anorak und seine Winterstiefel an und rannte zu seiner Mutter, die in der Nähe in einer Kaufhalle als Kassiererin arbeitete.

Sie kam ihm schon entgegen, denn sie hatte gerade Feierabend. Der Junge warf sich ihr in die Arme und weinte. Sie drückte ihn fest an sich. »Was ist denn passiert, um Gottes willen?«

»Was Schlimmes.«

Der Vorfall wurde der Kriminalpolizei durch Anzeige sofort bekannt, das Kind von der Kriminalpolizei in Berlin-Marzahn im Beisein der Mutter am 29. Januar 1987 vernommen. Diesmal hatte Leutnant der K Bosse die psychologisch anspruchsvolle Aufgabe, alle Informationen über den Täter zu erfragen, damit dieser endlich dingfest gemacht werden konnte. Für eine Personenfahndung war es immer wichtig zu wissen, was das für ein Mann war.

Johann Lucas gab zu Protokoll, dass im Hintergrund des Gespräches immer ein Flüstern gewesen war. Um was für eine Stimme es sich gehandelt hatte, konnte er aber nicht beschreiben. Den Anrufer selbst hatte er klar und deutlich verstanden. Von der Stimme her schätzte Johann Lucas ihn auf 30 bis 40 Jahre. Er hatte gesprochen wie ein Berliner. Er hatte sehr Hochdeutsch geredet: »›Hast du das gemacht? Hast du die Schüssel mit Wasser geholt?‹ Es war immer sehr Hochdeutsch.« Johann Lucas hatte sogar den Eindruck, dass sich der Mann beim Hochdeutschreden sehr viel Mühe gegeben hatte, so, als ob er ganz besonders gebildet hätte reden wollen. War das ein entscheidender Hinweis?

Die Mutter ergänzte noch, dass die Telefonnummer unter ihrem Namen im Telefonbuch stand: Marianne Meier. Der Name ihres Mannes stand nicht im Telefonbuch; sie konnte sich damit auch nicht erklären, wie der Anrufer den Namen ihres Ehemannes kennen konnte. Sie machte sich große Sorgen, dass ihre Familie von diesem Irren schon ausspioniert worden und damit ihr Sohn gefährdet war. In dieser heilen Marzahner Welt.

Krachts Vorahnung bestätigte sich also. Was Johann Lucas zu Protokoll gegeben hatte – die Kriminalisten zweifelten keine Sekunde daran, dass seine Aussagen der Realität entsprachen –, war nicht nur ein weiterer Anruf dieses Sexualpeinigers nach dem bisher üblichen Schema. Nein, es ging jetzt um etwas ganz anderes. Es ging jetzt um Mord, der im Stadium des Versuches steckengeblieben war. Nicht auszudenken, was passiert wäre, wenn der Junge wirklich seinen Penis ins stromführende Wasser der Schüssel gehalten hätte! Aber es sollte noch viel schlimmer kommen ...

Je knapper die Zeit wird, desto weniger hat man bekanntlich zu verlieren, man braucht nicht mehr so viel Rücksicht nehmen auf Vorgesetzte, Hierarchien, Anweisungen und Absprachen; man sollte in solchen Situationen die eingefahrenen Wege verlassen.

Nach der letzten Tat war klar zu erkennen, dass der Anrufer mit der Zeit gefährlicher wurde. Nicht nur gefährlicher, auch immer mutiger, selbstsicherer, ja geradezu übermütig. Die Kriminalisten wussten, dass es keinen Übermut gab, der nicht so lange wuchs, bis er eines Tages an einem Unheil zerbrach. Unheil für wen? Für das kindliche Opfer, das eigentlich noch ein ganzes langes Leben vor sich hätte? Oder für den Täter, der in seinem Übermut ein immer größeres Risiko einging, doch noch erwischt zu werden?

Die Herausforderung, vor der die Kriminalisten standen, konnte mit einem einfachen, aber schwer zu verwirklichenden Satz umschrieben werden: Der Täter musste nun schnell ermittelt werden. War doch zu befürchten, dass ein Kind zu Tode käme, wenn jetzt nicht entschlossen und mit kriminalistischer Meisterschaft gehandelt werden würde. Aber was tun? Wer sollte nun mit wem ermitteln? Reichte es noch aus, dass die Fälle in der

VPI Marzahn aufgenommen, gebündelt und bearbeitet wurden?

So war es folgerichtig, dass das Dezernat X im Präsidium der Volkspolizei (PdVP) Berlin Anfang 1987 die Ermittlungen an sich zog. Dem Täter musste mit anderen Mitteln zu Leibe gerückt werden, und das konnte nur von der übergeordneten Behörde, eben dem Dezernat X, aus geschehen.

Das Dezernat X war für die sogenannte Brennpunktkriminalität (heute: Serienstraftaten) in der Hauptstadt der DDR zuständig. Durch effektive Methoden der Bekämpfung dieser Straftaten in der Sondereinheit konnten unter der Leitung von Oberstleutnant der K Berndt Marmulla in den Jahren 1984 bis 1989 alle (!) Verbrechen aufgeklärt und Täter ermittelt werden. An diesem Beispiel lässt sich sehr schön festmachen, dass die rückwärtsgewandte prophetische Arbeit der Kriminalpolizei, wenn sie denn mit Ernsthaftigkeit betrieben wird, eine hohe Übereinstimmung mit der Verbrechenswirklichkeit erzielen kann.

Berndt Marmulla, ein hartnäckiger und außerordentlich erfolgreicher Ermittler, war ein Mann der Tat. Er entwirrte die Fälle, die ihm anvertraut wurden, mit Intuition und Verve, er konnte schnell schlussfolgern, wobei seine Schlüsse stets auf den Gesetzen des Lebens und der Logik basierten. Dieser Vollblutkriminalist also fasste am 12. Februar 1987 den bisherigen Untersuchungsstand in einer *Information zur Straftatenhäufung in Berlin-Marzahn – Beleidigung gemäß §§ 137 und 139 StGB und Sexueller Missbrauch von Kindern gemäß § 148 StGB* glänzend zusammen. Über 80 Handlungen waren der Volkspolizei bereits bekannt geworden!

Präsidium der Volkspolizei Berlin, den 12. 02. 1987
   B e r l i n
Kriminalpolizei-Dezernat X

I n f o r m a t i o n

zur Straftatenhäufung in Berlin-Marzahn – Beleidigung gemäß
§§ 137 und 139 StGB und Sexueller Mißbrauch von Kindern gemäß
§ 148 StGB

Seit November 1985 (letztmalig am 29.01.1987) tritt ein unbekannter Telefonanrufer in Erscheinung, der sich als Mitarbeiter (pseudonym "Hoffmann") der "Neuen Fernseh-Urania" ausgibt, Fragen zum Intimleben stellt und sexuelle Handlungen fordert. Angerufen werden nur Telefonnummern im Bereich Berlin-Marzahn, Anfangsnummern 54... und 332... .
Es wurden bisher über 80 Handlungen der Volkspolizei bekannt. (Latenz beachten!)

Wesentlicher Inhalt der Telefongespräche:

- stellt sich als Mitarbeiter der "Fernseh-Urania oder der "Neuen Fernseh-Urania" vor

- schreibt angeblich an einem neuen Aufklärungsbuch

- verspricht für die Beantwortung von Fragen zwei Karten für die nächste "Fernseh-Urania"

- stellt Fragen wie
  . wann erste Schambehaarung?
  . erste Regelblutung?
  . BH-Größe?
  . Größe der Brustwarzen?
  . wie oft Orgasmus?
  . wie oft Geschlechtsverkehr?
  . welche Stellungen beim Geschlechtsverkehr?
  . ob Selbstbefriedigung bzw. Onanie wird?

- fragt auch nach den Personalien und Telefonnummern der angerufenen Person

- verlangt die Mitwirkung an einem Test/Experiment und stellt dafür einen Farbfernseher in Aussicht. Anruferin soll sich bis zum Höhepunkt selbst stimulieren, dann unterbrechen und wieder von vorn anfangen. Experiment wird von einem Computer aufgezeichnet und ausgewertet.

Seite 1 der Information von Oberstleutnant der K Marmulla (12. Februar 1987)

Da alle Brennpunkte eine Kurzbezeichnung erhielten, damit die Kriminalisten und Volkspolizisten sowie Mitarbeiter anderer Untersuchungsorgane immer gleich wussten, um welchen Fall es sich gerade handelte, musste auch hier ein Signalwort gefunden werden. Dieses Herangehen hat sich in der DDR sehr bewährt. So ergab sich zwangsläufig aus der Vorstellung des Anrufers, dass die nun zu untersuchenden multiplen Verbrechen den Brennpunktnamen »Urania« bekamen.

In der Ludwig-Renn-Straße, Berlin-Marzahn, in der 2. Etage wohnte seit 1981 Familie Schneider, die zuvor eine kleine Wohnung in Berlin-Friedrichshain gehabt hatte. Wir befinden uns jetzt südlich der Mehrower Allee, die zu dieser Zeit Otto-Winzer-Straße hieß. Die Schneiders hatten zwei Kinder. Jens war 1977 geboren, Paula 1980. An diesem 16. Februar 1987 waren sie allein zu Hause. Gegen 14 Uhr kamen sie zusammen aus dem Hort, sie besuchten dieselbe Schule und damit auch denselben Hort. Es waren gerade Winterferien, und da gab es Ferienspiele und eine Betreuung im Schulhort, wenn die Eltern das wünschten. Im Fernsehen gab es den spannenden Film *Reise in die Urzeit*, der bis 15.30 Uhr lief. Um 15.15 Uhr rief ihr Vater von der Arbeit aus an und fragte, ob alles in Ordnung sei. Es war alles in Ordnung. Immer noch. Bis jetzt.

Gegen 16 Uhr läutete das Telefon erneut. Paula, die sehr gern telefonierte, rannte zum Telefon, das auf einem Tischchen im Flur stand. »Ich geh'!« Und als sie den Hörer abgenommen hatte, sagte sie wie üblich nur: »Ja?«

»Hallo! Wie alt bist du denn und wie heißt du?«

»Ich heiße Paula und bin sieben Jahre alt. Und wer bist du?«

»Ist noch jemand in der Wohnung?«

»Ja, mein Bruder ist noch da.«

»Wie alt ist der denn?«

»Neun Jahre.«

»Dann hole ihn doch bitte ans Telefon.«

»Gut. – Jens, der Mann will dich sprechen!«

»Ja, bitte?«

»Sag mal, wie alt bist du?«

»Neun Jahre.«

»Aha, das passt. Und wie heißt du und wo wohnst du?«

Jens Schneider sagte, ohne auch nur ein klein wenig misstrauisch zu werden, ordnungsgemäß seinen Namen und wo er wohnte. »Aber, wer sind Sie denn?«

»Meinen Namen darf ich nicht nennen, der tut auch nichts zur Sache«, sagte die fremde Stimme. »Ich bin jedenfalls von der bekannten Sendung *Fernseh-Urania*, und wir machen jetzt ein Experiment, das mit deinen Eltern abgesprochen ist, und wenn deine Eltern nicht da sind, sollt ihr Kinder das Experiment machen, ihr könnt auch einen Pkw Trabant gewinnen.«

»Echt, einen Pkw Trabant, wirklich?«

»Wirklich. Dann kann es ja losgehen.«

»Gut.«

»Hole jetzt bitte einen Strick. Diesen musst du dann über die Tür legen, das eine Ende an der Türklinke siebenmal umwickeln, am anderen Ende, ziemlich in der Höhe, eine Schlinge machen. Diese Schlinge legst du dann deiner Schwester um den Hals, wenn sie auf einen Stuhl gestiegen ist. Ist das klar?«

»Und dann?«

»Ganz einfach, dann musst du den Stuhl wegziehen.«

Es entstand eine längere Pause. In Jens' Kopf schossen wilde und fürchterliche Gedanken hin und her, er hatte in Filmen ja schon oft gesehen, wie Leute gehängt wurden. Keiner von denen hatte überlebt, soweit er sich erinnern konnte. »Nein, das mache ich nicht.«

Die Stimme des Mannes wurde nun noch freundlicher und süßer. »Ich verstehe, dass du Angst hast, das zu tun, aber es ist das Beste für deine Schwester. Sie ist schwerkrank, und nur diese Methode kann ihr helfen. Wenn du es nicht machst, wird sie in einem Jahr sterben. Ungefähr. Auf den Tag genau kann man das natürlich nicht vorhersehen.«

»Das glaube ich nicht.«

»Ich habe auch einen Automaten bei mir, der zeigt an, ob du das machst oder nicht. Wenn du das nicht machst, müssen deine Eltern 2.000 Mark Strafe zahlen. Hast du das verstanden?«

Jens blickte ziemlich hoffnungslos vor sich hin. Seine Gedanken waren völlig durcheinander, er wusste nicht, was zu tun war, was richtig war oder falsch, er war noch nie in seinem behüteten Leben in eine solche Situation gekommen, die für ihn irgendwie lebensbedrohend schien. Er verstand die Welt nicht mehr.

Aber er konnte sich dem Mann nicht entziehen, der wie ein Zauberer war, der sein Wollen und Wünschen wie von einer fremden Macht gesteuert auf den Jungen übertrug.

»Na gut, dann mache ich's.«

Er legte den Hörer neben das Telefon. In der Aufregung konnte er zwar keinen richtigen Strick finden, dafür aber eine dünne Verpackungsschnur, die seine Mutter immer in einer Küchenschublade aufbewahrte. Er baute eilig die Vorrichtung; Paula stellte sich ohne Widerspruch auf den Stuhl, und das Experiment begann.

Der Strick riss sofort.

Der Mann von der *Fernseh-Urania* hatte am Telefon gewartet. »Und hat das Experiment geklappt?«, schrie er so in die Sprechmuschel, dass Jens alle Worte auch aus der Entfernung klar und deutlich verstand. Er stürzte zum Telefon und log: »Meine Schwester hat keine Luft mehr bekommen, und dann habe ich die Schnur von ihrem Hals abgemacht.«

»Das ist sehr schlecht, das Experiment ist nicht geglückt«, sagte der Mann vorwurfsvoll. »Dann müssen wir was anderes machen.«

»Was denn?«

»Lass bitte Wasser in die Badewanne, deine Schwester muss sich nackend ausziehen, und du tauchst sie unter und musst sie so lange unter Wasser festhalten, bis ich sage, dass es reicht. Aber bitte schnell das Ganze!«

Jens rannte in das kleine Badezimmer, ließ Wasser in die Wanne und zog seine Schwester aus. Er vergaß nicht, das Telefon so vor die Badtür zu legen, dass er hören konnte, wenn der Mann sagte, er solle aufhören. Er wollte dies laut in das Telefon schreien.

Paula stieg arglos in die Wanne und ließ sich auch untertauchen, wie ihr Bruder es ihr gesagt hatte. Jens drückte sie unter Wasser. Er wusste, dass sie nicht lange tauchen konnte, sie fing an zu zappeln und sich zu wehren. Und obwohl der Mann von der *Fernseh-Urania* noch nicht gerufen hatte, ließ ihr Bruder sie nach oben. Paula fing an zu weinen, und Jens griff sich den Telefonhörer.

»Hören Sie, meine Schwester hält das nicht so lange aus.«

»Dann trockne sie ab und zieh ihr den Schlüpfer an. Aber schnell. Dann soll sie auf das Fensterbrett steigen und nach unten springen. Und wenn sie nicht will, musst du ihr einen Schubs geben.«

»Was soll ich machen? Ich verstehe gar nichts mehr. Was? Was? Nein, das mache ich nicht. Ich mache gar nichts mehr.«

»In welcher Etage wohnst du denn?«

»In der zweiten.«

»Das ist nicht hoch genug.«

Man kann sich vorstellen, welch verzehrende Qual dieser permanente Angst- und Ausnahmezustand in der Seele von Jens gewesen sein musste. Er befand sich in einem erbärmlichen Zustand von Aufregung. Sein sonst helles und strahlendes Gesicht unter dem dunklen Haarschopf war grau geworden, und in seinen ruhelosen Augen stand die Furcht, wie man sie bei gehetzten Tieren kennt. Jetzt brach auch er in Tränen aus, die nun einmal die Sprache der Seele und des Gefühls sind. Er schrie in den Telefonhörer: »Nein, ich mache das nicht! Ich mache das nicht! Ich mache das nicht!«

Der Mann von der *Fernseh-Urania* verabschiedete sich daraufhin aus dem Gespräch und legte auf.

Und obwohl Jens wusste, dass er keinen Gesprächspartner mehr hatte, brüllte er weiter ins Telefon: »Nein, ich mache das nicht! Ich mache das nicht! Ich mache das nicht!«

Dann endlich kehrte Ruhe ein. Jens beachtete den Telefonhörer nicht mehr, setzte sich erschöpft in einen Sessel und weinte still, zerrissen von unaussprechbarem Jammer und Schmerz. Paula hatte sich zwischenzeitlich im Kinderzimmer unter ihrer Bettdecke versteckt und kam nun wieder zum Vorschein. Mit kleinen Schritten bewegte sie sich vorsichtig näher und näher an den Bruder heran, bis sie ihn mit dem Zeigefinger der rechten Hand am Oberkörper berührte und dann drückte.

»Ist jetzt alles vorbei?«, flüsterte sie.

»Ja, alles«, erwiderte Jens.

»Es ist doch nichts passiert, oder?«

Als der Vater nach Dienstschluss gegen 17.30 Uhr nach Hause kam (die Mutter war unterwegs), sah er das Unglück schon von weitem. Der Telefonhörer lag noch immer vor der Badezimmertür. Beide Kinder erzählten unter Tränen, was an diesem Nachmittag in der Ludwig-Renn-Straße passiert war. Der Vater erstattete sofort telefonisch eine Anzeige bei der zuständigen Kriminalpolizei in der VPI Marzahn. Der Kriminalist bat ihn, mit den Kindern sofort zur Inspektion zu kommen.

Mittlerweile war auch Frau Schneider nach Hause gekommen. Das Entsetzen stand ihr im Gesicht, als sie hörte, was ihren Kindern zugestoßen war. Während Herr Schneider mit Jens auf der Inspektion war, suchte sie mit Paula die nahe gelegene Poliklinik am Springpfuhl auf, um ihre Tochter auf Verletzungen untersuchen zu lassen. Frau Schneider wurde zur Pflege von Paula krankgeschrieben.

Die Vernehmung des Zeugen Jens Schneider und seines Vaters begann bereits um 17.55 Uhr.

Nachdem der aufgeregte und noch geschockte Junge Oberleutnant der K Weber vom Erlebten im Beisein des Vaters erzählt hatte, fragte der Kriminalist, wie lange das Telefonat ungefähr gedauert habe.

»Ich habe nicht auf die Uhr gesehen, aber es war mindestens eine halbe Stunde.«

»Steht eure Telefonnummer im Telefonbuch?«

»Nein.«

»Ist dir an der Stimme oder an der Sprache des Mannes etwas aufgefallen?«

Jens überlegte. Diese Stimme, das wusste er schon zu diesem Zeitpunkt, die Stimme würde er in seinem Leben nie wieder vergessen. Die hätte auch sein Goldhamster erkannt, wenn er nicht in der Woche davor gestorben wäre. Er versuchte, diese unheimliche und bedrohliche Stimme, wie er jetzt wusste, in Worte zu fassen.

»Der Mann hat ziemlich tief gesprochen. Hochdeutsch, ruhig und langsam. Nicht gelispelt oder gestottert. Der Mann hat auch keinen Dialekt gesprochen.«

Wie alt er ihn schätze, wollte Oberleutnant der K Weber noch wissen.

»Von der Stimme her würde ich sagen, dass der Mann ungefähr vierzig Jahre alt war. Genau kann ich das aber nicht sagen.«

»Hast du irgendwelche Geräusche im Hintergrund gehört, als der Mann mit dir gesprochen hat?«

»Ich habe ein Geräusch gehört. Es hat sich angehört wie ein Summen, mal lauter, mal leiser, die meiste Zeit war es aber weg. Ich würde schätzen, dass das Geräusch immer so zwei bis drei Sekunden gedauert hat. Was für ein Geräusch es war, weiß ich nicht. Ich habe solch ein Geräusch bisher noch nicht gehört. Auf keinen Fall war es ein Fahrzeug oder eine Maschine. Es könnte so etwas Ähnliches wie ein Rechner oder ein Computer gewesen sein. So etwas habe ich schon im Fernsehen gesehen und gehört, so ähnlich hat das Geräusch sich angehört. Außer diesem Geräusch habe ich nichts weiter gehört.«

»Hat der Mann geäußert, dass er noch einmal anrufen will oder dass er vorbeikommen will oder noch etwas anderes verlangt?«

»Nein, es wurde nichts weiter ausgemacht.«

Dann kam die Frage, vor der er sich schon die ganze Zeit gefürchtet hatte und die ihm seine Eltern natürlich auch gestellt haben. »Warum hast du denn gemacht, was der Mann von dir verlangte?«

Jens weinte wieder. Er schluchzte. Er wusste, er hätte dies alles nicht machen dürfen, aber er konnte nur das Furchtbare beschreiben, was er soeben erlebt und gefühlt hatte.

»Ich, ich ... hatte Angst, weil er sagte, dass Paula sterben wird und, und, und ... dass meine Eltern 2.000 Mark bezahlen sollten, wenn ich das nicht mache, was er sagt.«

Der Vater, ein Mitarbeiter des MdI in der Mauerstraße, wurde von der Kriminalpolizei der VPI Marzahn ebenso befragt. Vor allen Dingen wollte Weber wissen, wie der Anrufer an die Telefonnummer gekommen sei, die ja nicht im Telefonbuch steht. Herr Schneider meinte, dass nur wenige die Telefonnummer kennen würden, und erklärte sich mit einer Fangschaltung einverstanden, falls dieser Kerl noch einmal anruft.

»Hat sich Ihre Tochter Verletzungen zugezogen?«

»Rund um den Hals ist eine Einschnürung bzw. ein roter Striemen erkennbar. Meine Frau sucht einen Arzt mit ihr auf, und ein Attest wird nachgereicht.«

»Danke, dann wissen wir jetzt Bescheid. Gibt es noch etwas Wichtiges?«

»Nein. Mehr fällt mir jetzt nicht ein.«

Die Vernehmung von Vater und Sohn endete um 19.20 Uhr.

Danach nahm Oberleutnant der K Weber sofort Verbindung mit der behandelnden Ärztin auf, die eine Strangulierungsmarke rund um den Hals mit Hautunterblutungen sowie Stauungszeichen in den Augenlidern mit punktförmigen Unterblutungen attestierte. Schäden waren aber nicht zu erwarten.

Am 17. Februar 1987 in der Frühe landete der Vorgang auf dem Tisch des Leiters der Kriminalpolizei der VPI Marzahn Oberstleutnant der K Hollmann. Er setzte sich sofort mit Herrn Schneider in Verbindung, fragte noch einmal, ob er bereit sei, eine Fangschaltung installieren zu lassen, und bat, den besagten Strick zur Verfügung zu stellen. Hollmann deutete auch an, dass Paula im Institut für gerichtliche Medizin in der Hannoverschen Straße in Berlin-Mitte vorstellig werden müsse, aber wann, müsse er noch abstimmen.

Der zweite Mordversuch zeigte, dass die Entscheidung völlig richtig gewesen war, dem Dezernat X im PdVP Berlin die Verantwortung für diese gefährliche Straftatenhäufung zu übertragen.

Am 19. Februar 1987 fand dann zwischen Major Martschinke von der Hauptabteilung Kader und Schulung des MfS, Bereich Disziplinar, und Diplomkriminalist Major Stüber von der Abt. IX/SK (Untersuchungsorgan) der Bezirksverwaltung (BV) Berlin des MfS eine Absprache zum Schwerpunktmaterial »anonymer Anrufer« statt. Stüber informierte darüber, dass der Vorgang seit Februar 1987 aufgrund seiner Bedeutung nicht mehr von der örtlichen Kriminalpolizei, der VPI Marzahn, sondern vom Dezernat X, dem Brennpunktdezernat des PdVP Berlin, geführt wurde.

Aber alle Ermittlungen verliefen im Sande. Der »Urania«-Täter war nicht einmal ansatzweise in Sichtweite gekommen. Es wurde immer wieder neu erklärt und gedeutet, aber man kam eigentlich kein einziges Stück voran.

So erging am 18. März 1987 von der AG XXII der BV Berlin der Vorschlag zur Durchführung einer operativen Maßnahme zur Identifizierung eines pseudonymen Anrufers in Berlin-Marzahn, Deckname »Urania«. Der Leiter der Arbeitsgruppe jedenfalls, Oberstleutnant Zielske, fasste in seinem Papier die wesentlichen Begehungsweisen des Täters noch einmal zusammen. Aufgrund der besonderen und raffinierten Begehungsweisen, so der Terrorabwehr-Spezialist, *muss mit einer hohen Latenz und einer erheblichen Verunsicherung der Bevölkerung im Stadtbezirk Berlin-Marzahn gerechnet werden*. Damit war der Vorgang zu einem klassischen Fall geworden, dessen Bearbeitung in die Zuständigkeit des MfS fiel.

Ausgehend von der besonderen Gesellschaftsgefährlichkeit der Straftaten und der vom Täter verwendeten besonderen Tatmittel, sah es das MfS als notwendig an, operative Maßnahmen einzuleiten, die geeignet waren, den Täter schnellstmöglich zu identifizieren und den unmittelbaren Schutz von Leben und Gesundheit der Betroffenen zu gewährleisten. Darüber hinaus wurde die Gewinnung von offiziellen Beweismitteln angestrebt. Dazu schlug Zielske eine Reihe von Aktivitäten vor.

In der Ortsvermittlungsstelle 33 sollte zum Beispiel eine operativ-technische Maßnahme mit dem Ziel realisiert werden, den unbekannten Täter aus dem in der Ortsvermittlungsstelle 33 einfließenden Fernsprechverkehr zu selektieren und zu identifizieren. Seitens der Deutschen Post bestanden die notwendigen technischen Voraussetzungen und Möglichkeiten für die Realisierung der Maßnahme. Bei der Feststellung relevanter Gespräche war es möglich, den Anrufer zu »fangen« und eine Rückverfolgung durchzuführen. Bei unmittelbarer Gefahr für Leben und Gesundheit konnte die Verbindung nach dem »Fangen« sogar unterbrochen werden.

Parallel zur technischen Maßnahme wurden die kriminalpolizeilichen Ermittlungen sowie die operative Vergleichsarbeit entsprechend der Täterversion uneingeschränkt, aber erfolglos fortgesetzt.

Am 23. März 1987 legte Hauptmann Franke von der Abt. XIX (Verkehr, Post, Nachrichtenwesen) der BV Berlin einen Operativen Vorgang (OV) an; dieser trug ebenfalls den Decknamen »Urania«. Bestätigt wurde das Anlegen des OV durch den zuständigen Stellvertreter Operativ, Oberstleutnant Zeiseweis, einen erfahrenen Diplomkriminalisten. Im Eröffnungsbericht dazu heißt es: *Entsprechend des beigefügten bestätigten Vorschlages zur Durchführung einer politisch-operativen Maßnahme wird zur Klärung der darin dargestellten Straftaten in Abstimmung mit der AG XXII der OV »Urania« gegen unbekannt wegen der Begehung von Straftaten gemäß §§ 112/3 und 137 StGB eingeleitet.*

Ebenfalls am 23. März 1987 fand zwischen Hauptmann Ludwig von der Abt. XXII/2 (»Terrorabwehr«) und Oberstleutnant Zielske, dem Leiter der AG XXII der BV Berlin, eine Abstimmung statt. Dabei wurde bekannt, dass der kriminelle und offenbar gemeingefährliche Anrufer am 11. März 1987 gegen 17.15 Uhr ein weiteres Mal mit einem Kind aus Marzahn telefoniert hatte. Das Opfer war ein elfjähriger Junge aus der Lea-Grundig-Straße. Nur durch das Eintreffen der Eltern konnten gesundheitliche Schäden des Kindes verhindert werden.

Die Begehungsweise kennen wir bereits. Eine männliche Person, so der Junge in seiner Vernehmung, habe sich gemeldet und sich als *Mitarbeiter der Urania* ausgegeben, der eine wissenschaftliche Umfrage durchführe. Nachdem er den Jungen nach Namen, Alter, Größe, Haarfarbe usw. ausgefragt hatte, forderte er ihn auf, eine Wäscheleine oder Ähnliches zu holen, eine Schlinge nach den Anweisungen des Anrufers zu knüpfen und diese über die Wohnungstür zu legen. Des Weiteren forderte er das Kind auf, einen Eimer oder eine Schüssel mit Wasser zu füllen, eine Verlängerungsschnur in die Steckdose zu stecken und das Ende der Verlängerungsschnur neben dem Wasserbehältnis abzulegen.

Zum Glück kamen in diesem Moment die Eltern nach Hause, die energisch einen Schlusspunkt unter diese Aktionen setzten. Der Versuch der Eltern, das Gespräch wiederaufzunehmen, scheiterte, da sich der Anrufer nicht mehr meldete.

Der »Urania«-Mann fühlte sich immer noch sicher, und er machte weiter. Immer weiter. Auch am 16. und 17. März 1987 wurden zwei Marzahner Frauen belästigt, wobei es nach der schon bekannten Masche wieder um intime Fragen ging.

Nach Bekanntwerden dieser neuen Verbrechen bestätigte der Leiter des BV des MfS Berlin, Generalmajor Hähnel, »zielführende Maßnahmen«.

Ab dem 25. März 1987, 8 Uhr, wurden in Marzahn, Amt 33, alle einfließenden Leitungen, einschließlich der innerhalb des Amtes geführten Gespräche, operativ unter Kontrolle gehalten. Dazu wurden zehn Mitarbeiter der BV Berlin (aus den Abteilungen XIX, N, XI sowie der AG XXII und des nichtstrukturmäßigen Nachrichtenzuges) eingesetzt. Die Maßnahme war mit dem Leiter des Amtes 33 abgestimmt und wurde als *Kontrolle der Betriebsgüte des Fernsprechverkehrs* realisiert. In der Vorbereitung wurden die organisatorischen und innerbetrieblichen Voraussetzungen geschaffen. Die 300 einfließenden Leitungen wurden auf 120 reduziert und die Möglichkeiten geschaffen, in die einlaufenden Gespräche hineinzuhören, bei Feststellung der bisherigen

Begehungsweisen des Täters sofort den Fang auszulösen und das jeweilige Gespräch akustisch zu dokumentieren.

Der Zeitraum des Einsatzes war zunächst auf den 25. März bis 7. April 1987 in der Zeit von 8 bis 21 Uhr festgelegt. Die Maßnahmen wurden allein im Rahmen der BV Berlin durchgeführt. Bei Genehmigung durch die Staatsanwaltschaft für eine ähnliche Maßnahme der VP sollte der sofortige Abbruch erfolgen.

Die operativ-technischen Maßnahmen des MfS brachten zunächst einige Teilerfolge. So konnten am 30. und 31. März 1987 mehrere Gespräche des unbekannten Täters festgestellt, gefangen und rückverfolgt werden, unter anderem zu einem Münzfernsprecher in der Marzahner Allee der Kosmonauten 200.

Das war ja ein hoffnungsvoller Anfang, aber noch spannender wurde es, als alle Ergebnisse vom 31. März an die Zentrale übermittelt wurden.

12.40 Uhr, Feststellung eines Anrufes vom Münzfernsprecher 540 9036 in Marzahn, Allee der Kosmonauten 200. Der Teilnehmer legte aber auf.

12.42 Uhr, Feststellung eines Anrufes von der Rufnummer 549 3258, ATZ 5493/Leitung 7, 65. Polytechnische Oberschule Hellersdorf, Dorfanger. Das Ergebnis der Rückverfolgung war fraglich. Nachdem der Täter seine »wissenschaftliche Fernsehumfrage« angekündigt hatte, bekam er zur Antwort: »Lassen Sie mich doch in Ruhe mit solchem Käse.«

13.46 Uhr bis 14.06 Uhr, Anruf bei einer Frau. Der Anruf konnte rückverfolgt werden. Das Gespräch kam vom Münzfernsprecher 330 9086 in Marzahn, Trusetaler Straße/Ecke Henneckestraße. Die Frau beantwortete zunächst die Fragen des Täters, wurde dann misstrauisch und beendete das Gespräch mit der Aussage: »Das ist doch keine Umfrage.« Die Stimme des Anrufers wurde wie folgt charakterisiert: keine auffällige Tonlage; ruhig, langsam sprechend; einfühlsame Sprechart, deutlich artikulierend; unbeteiligt wirkend; gleichmäßig; keine Erregung; bei Lauten, die auf »ich« enden, leichter Zischlaut zu hören (bei mich, dich u.a.). Wenn er schnell sprach, war er aber etwas undeutlich. Zu diesem Sachverhalt ist noch anzumerken, dass der Anrufer nach etwa zehn Minuten die Stimme reduzierte. Die Fragen wirkten vorbereitet, fließend, ohne zu überlegen, hintereinander gestellt – bis auf die Zwischenfrage »Was ist Französisch?« und zum Ende des Gespräches hin.

15.35 Uhr bis 15.38 Uhr, Anruf vom Münzfernsprecher 630 0915 in Johannisthal, Johann-Werner-Straße/Sterndamm 103. Der angerufene Teilnehmer wurde nicht ermittelt. Der Täter stellte seine Fragen und bekam von der Frau zur Antwort: »Das mache ich nicht mit.« Danach unterbrach der Anrufer die Verbindung. Das Gespräch wurde seitens des MfS sehr schlecht verstanden. Es konnten keine Aussagen über die Beschaffenheit der Stimme gemacht werden.

Aufgrund des schnellen Ergebnisses der Rückverfolgung des Anrufes Nr. 3 aus der Trusetaler Straße/Ecke Henneckestraße suchten zwei Mitarbeiter des MfS von der Abteilung XIX, die sich in der Nähe befanden, den tatrelevanten Münzfernsprecher auf. Einer betrat um 14.02 Uhr betont unauffällig die Nachbartelefonzelle und fingierte ein Telefonat. Er stellte fest, dass nebenan eine männliche Person gegen 14.06 Uhr ein Gespräch beendete und die Telefonzelle verließ, und konnte eine ziemlich gute Personenbeschreibung geben.

Der Mann war circa 175 bis 180 cm groß, hatte einen untersetzten, recht stabilen Körperbau (war also korpulent), trug einen Oberlippenbart, hatte leicht gewelltes, schwarzes Haar. Bekleidet war er mit einem zerschlissenen blauen Trainingsanzug mit weißen Ärmelstrei-

Multicar-Modell. *Foto: Jürgen Brühmann*

fen. Diese namentlich nicht bekannte Person bestieg ein Transportfahrzeug des Typs Multicar mit dem Kennzeichen IFF 3-58. Es konnte relativ schnell ermittelt werden, dass der Halter des Fahrzeuges der VEB Baureparaturen Treptow, 1190 Berlin, Bruno-Bürgel-Weg 92/100, war. Das Fahrzeug wurde dann im Rahmen von Observations- und Fahndungsmaßnahmen im Marzahner Wohngebiet Liebensteiner Straße nochmals gesehen.

War das nun der »Urania«-Täter? Es sprach alles dafür, und so ging man davon aus, dass er identifiziert worden war. Nun brauchte man aber noch Beweise. Ab sofort stand er unter operativer Beobachtung durch Kräfte der Abteilung VIII/1 der BV Berlin, die für professionelle Observationen geschult waren.

Natürlich waren die technischen Voraussetzungen und Bedingungen für solche Maßnahmen damals viel schwieriger als heute. Es gab keine Handys, keine Navigations- und Ortungsgeräte; es gab nur die Möglichkeit, die Ortsveränderungen von Menschen und Fahrzeugen durch eine direkte Verfolgung und Beobachtung festzustellen. In den Akten finden sich zahlreiche Beobachtungsberichte, wobei »Urania« in der Regel auf der Arbeitsstelle am Bruno-Bürgel-Weg aufgenommen wurde, beginnend am 1. April 1987. Nach der Observation am 2. April 1987 lag wieder eine recht gute Personenbeschreibung vor: 30 bis 35 Jahre; Größe: 175-180 cm; Gestalt: kräftig, untersetzt; Gesicht: voll; Haare: dunkelbraun, glatt, Kurzhaarfrisur; Bart: Oberlippenbart; Bekleidung: blaue Trainingsjacke mit je zwei weißen Ärmelstreifen, blaue Schlosserhose, schwarze Arbeitsschuhe; Straßenbekleidung: khakifarbene, verwaschene Kutte mit leichtem Gelbstich, ohne Kapuze, verwaschene Jeans, braune Halbschuhe; Beiwerk: Ring an der rechten Hand.

Am 3. April 1987 fuhr »Urania« mit dem Taxi nach Hause, und so konnte seine Wohnung durch geschickte Observation in der Allee des Kosmonauten 200 ermittelt werden. *An der Wohnungstür befindet sich ein Schild mit dem Namen »Tom Vogel«,* heißt es im Protokoll. Bei der Beobachtung am 7. April 1987 konnte »Urania« auf dem S-Bahnhof Oberspree durch die Einsatzkräfte fotografiert werden.

Bemerkenswert ist noch eine dem Bericht angehängte Notiz. In der S-Bahn von Ostkreuz nach Springpfuhl musterte »Urania« eine ihm gegenübersitzende junge und gutaussehende Frau. Als diese mit heftigen Worten und Gesten auf seine Musterung reagierte, geriet er ein wenig aus der Fassung. »Urania« sah mit leicht rotem Gesicht nach unten – und während der restlichen Fahrt angestrengt aus dem Fenster ...

Ebenfalls an diesem Dienstag, dem 7 April 1987, beantragte Oberst Pönitz, Leiter der Abt. IX der BV Berlin, die Durchführung der Überwachung von Telefongesprächen aus öffentlichen Fernsprechanschlüssen. Pönitz begründete die Maßnahme mit den Ergebnissen der kriminalpolizeilichen Ermittlungen, dass nämlich der unbekannte Täter öffentliche Fernsprecheinrichtungen für seine kriminellen Handlungen nutze. Darüber hinaus sei ein Verdächtiger ermittelt worden, der wiederholt die zur Über-

»Urania« am 7. April 1987 um 16.37 Uhr auf dem S-Bahnhof Oberspree auf eine S-Bahn wartend. *Observationsfotos*

wachung beantragten Telefonzellen aufgesucht habe. Wen er anrief, sei aber nicht bekannt. In Anbetracht der Schwere der Tat wurde beantragt, gem. §§ 109 Abs. 1, § 115 Abs. 4 Ziffer 3 StPO die Überwachung öffentlicher

Fernsprecheinrichtungen im Rahmen eines Ermittlungsverfahrens wegen versuchten Mordes gem. § 112 Abs. 1 und Abs. 3 StGB gegen unbekannt anzuordnen. Diese Telefonzellen wurden aufgelistet:
1. Öffentliche Fernsprechzelle, Berlin, Flutstraße/gegenüber Kaufhalle, Rufnummer: 63 00 512
2. öffentlichen Fernsprechzelle, Berlin, Allee der Kosmonauten 200 (im Hochhaus), Rufnummer: 54 09 036
3. öffentliche Fernsprechzelle, Berlin, Trusetaler Straße/Ecke Henneckestraße, Rufnummer: 33 09 086
4. öffentliche Fernsprechzelle, Berlin, Johann-Werner-Straße/Ecke Sterndamm, Rufnummer: 63 00 915

Die Überwachung sollte sich auf die Zeiträume der Nutzung der Telefonzellen durch den Verdächtigen Tom Vogel, geb. 1967, wohnhaft 1140 Berlin, Allee der Kosmonauten 200, beschränken. Noch am 7. April 1987 ordnete Dr. Beinarowitz von der Berliner Generalstaatsanwaltschaft die Überwachung der beantragten Telefonzellen an und befristete sie bis zum 27. April 1987. Die richterliche Bestätigung durch Richter Frenzel vom Stadtbezirksgericht Berlin-Mitte erfolgte ebenfalls an diesem Dienstag.

In den folgenden Tagen stand »Urania« weiter unter operativer Kontrolle durch Beobachter der Abt. VIII (Beobachtung, Ermittlung) der BV Berlin, aber er trat mit seinen kriminellen Telefonanrufen nicht mehr in Erscheinung. Auch alle anderen Ermittlungen liefen weiter auf Hochtouren, und dabei ging es Schlag auf Schlag.

So forschte am 20. April 1987 Oberleutnant Horn von der Abt. XIX/6 im VEB Baureparaturen Treptow und übernahm die Kaderakte des Verdächtigen, die heute Personalakte heißen würde. Diese Nachforschungen ergaben, dass sich Tom Vogel, ein gelernter Baumaschinist, als Unteroffizier auf Zeit bei der NVA verpflichtet hatte und Anfang Mai 1987 zu der Militärtechnischen Schule »Erich Habersath« nach Prora auf Rügen einberufen werden sollte. Plötzlich konnte von einem ruhigen Ausermitteln nicht mehr die Rede sein. War Tom Vogel nun der Gesuchte, oder war er es nicht? Bewiesen konnte jedenfalls noch nichts werden. Die Ermittler des MfS sahen es als notwendig an, den Sachverhalt noch vor der Einberufung eindeutig zu klären. Denn es war allen beteiligten Kriminalisten und Nichtkriminalisten klar, dass – vorausgesetzt Vogel war der Täter – die Straftaten mit seiner Einberufung zum Erliegen kommen würden, da Grundausbildung und Unteroffiziersschule keinen Spielraum für solche verbrecherischen und sexuell abartigen Aktivitäten zulassen würden.

Da außerdem seit dem 31. März 1987 keine Anrufe von »Urania« mehr bekannt geworden waren, lag es nahe, den Zugriff bald erfolgen zu lassen. Hauptmann Franke von der Abt. XIX/6 schlug deshalb am 23. April 1987 vor, Tom Vogel wegen dringenden Verdachts der Begehung von Straftaten gem. §§ 112 Abs. 3 (Vorbereitung und Versuch des Mordes) und 137 StGB (Beleidigung, hier durch unsittliche Belästigungen) zuzuführen. Als Datum nannte er den 29. April 1987, und die Zuführung sollte zur Abt. IX erfolgen. Dieser Vorschlag wurde vom Stellvertreter Operativ, Oberstleutnant Kurt Zeiseweis, bestätigt.

Für die Zuführung am 27. April 1987 durch die Abt. VIII

des MfS und die Vernehmung durch die Abt. IX/SK im Stützpunkt IX im PdVP Keibelstraße erarbeitete man einen detaillierten Plan. Am 23. April 1987 fertigte die Abt. VII/5 (MdI, DVP) der BV Berlin eine Operativ-Information über die Persönlichkeit von Tom Vogel, des in sich gekehrten, schüchternen Einzelgängers. Darin wurde er als sehr sparsam, verschlossen, geizig, egoistisch und ehrgeizig charakterisiert, und es wurde vermerkt, dass er über eine gute Beobachtungsgabe verfüge, Situationen schnell erfasse und diese auch verarbeiten könne. Unter Alkoholeinfluss könne Tom Vogel seine Hemmschwelle gegenüber Frauen abbauen und sehr zärtlich sein. Er spreche Hochdeutsch, in lockeren oder sehr angespannten Situationen verfalle er in den Berliner Dialekt. Er telefoniere gefühlsbetont, sei dabei überzeugend und strahle eine angenehme Ruhe aus. Zudem sei er ein Kommunikationstalent.

Als Hobbys wurden vermerkt:
- *Angehöriger der Freiwilligen Feuerwehr (Motiv nicht bekannt, vermutlich aber Beflügelung durch Erfolgserlebnisse)*
- *Astronomie (besuchte Vorträge in Treptow, fertigte dazu Aufzeichnungen)*
- *Tonbandtechnik und -aufzeichnungen (nicht nur Musik, auch Mitschnitte von Gesprächen!)*

Nach der Zuführung von Tom Vogel war sein Betrieb an der Reihe, der VEB Baureparaturen Treptow, 1190 Berlin, Bruno-Bürgel-Weg 92/100. Dort galt Tom Vogel als Einzelgänger, da er sich nicht an den Gesprächen der Kollegen beteiligte. Nach ihren Aussagen sei er ruhig, zurückhaltend und verschlossen. Er zeige kein auffälliges Verhalten, Hinweise auf sexuelle Abartigkeiten lägen nicht vor. Sein Brigadier beschrieb ihn als undurchsichtig und unauffällig.

Bei der Durchsuchung der Arbeitsstelle im Bruno-Bürgel-Weg wurden die Kriminalisten am 29. April 1987 nicht fündig. Sehr wohl jedoch in seiner Wohnung in der Allee der Kosmonauten 200, ebenfalls am 29. April 1987 in Anwesenheit des Staatsanwaltes Korth. Im Protokoll wurden zum Beispiel angeführt: die Bücher *Kriminalisten im Verhör* von Manfred Drews, *Die Spuren der Toten* von Hans Pfeiffer sowie *Die Untersuchung unnatürlicher Todesfälle* von W. Schulz.

Cover *Die Untersuchung unnatürlicher Todesfälle* von W. Schulz

Schulz' Buch war für die Ermittler besonders interessant, weil es interne Fachliteratur des Ministeriums des Innern der DDR war, die nur für den Dienstgebrauch vorgesehen war. Auf Seite vier kann man noch heute lesen: »Zur Beachtung! Diese Ausarbeitung trägt den Charakter interner Fachliteratur und darf nicht an unberechtigte Personen weitergegeben werden.« Es gibt Kapitel mit den Überschriften *Der Tod durch Strangulation* (S. 91–93) und *Der Tod durch Elektrizität* (S. 106–108). Hier hätte sich Tom Vogel fachlich weiterbilden können, was seine »Versuche« mit dem elektrischen Strom betraf, zumal in einem im Buch beschriebenen Fall auch ein Kind zu Tode kam:

»In einem Stallgebäude wurde ein Kind tot aufgefunden. Der Tod des Kindes war auf die Berührung des Erdsteckers eines Weidezaungerätes zurückzuführen. Bei der Überprüfung der Anlage stellte der Sachverständige der Technischen Überwachung fest, dass über einen durchgeschlagenen Kondensator an dem Erdstecker des Weidezaungerätes eine Phasenteilspannung von 180 Volt bestand. Das Kind hatte den Erdstecker mit der linken Hand berührt. Davon zeugte deutlich die Strommarke an der Handfläche. Das Schuhwerk des Kindes war durch Regenwasser sehr feucht, so dass die Schuhe gegenüber der Erde keine Isolation bildeten. Eine Ableitung der Fehlerspannung durch die Erdungsstange konnte wegen des hohen Erdübergangswiderstandes nicht erfolgen, so dass der Strom durch den Körper des Kindes floss. Das Gerät entsprach in seiner Gesamtheit nicht den geltenden VDE-Vorschriften und Regeln der Technik. Eine Typenprüfung war nicht erfolgt. Durch mangelnde Sachkenntnis unterliefen Fehler in der Schaltung, die beim Durchschlagen des Kondensators zwangsläufig dazu führen mussten, dass die Phasenspannung am Erdstecker anlag. Damit entstand eine ständige Gefahrenquelle. Das Gutachten des Sachverständigen bildete die Grundlage für die Einleitung eines Ermittlungsverfahrens gegen den Hersteller des Gerätes wegen fahrlässiger Tötung.«

Wie war Tom Vogel an dieses Fachbuch gekommen? Und warum las er es? Fragen über Fragen. Wir werden bald darauf zurückkommen.

Jedenfalls wurde das Buch *Liebe und Sexualität bis 30* aus dem VEB Deutscher Verlag der Wissenschaften nicht gefunden. Ulrike Konrad, ein Opfer des Missetäters, hatte ja vermutet, dass der Anrufer seinen Fragenkatalog aus diesem Buch gehabt haben könnte. Aber dem war nicht so.

Am Morgen des 29. April 1987 wurde Tom Vogel durch die Abteilung VIII, wie im Plan vorgesehen, in das Präsidium der Deutschen Volkspolizei Berlin zugeführt – zur Klärung eines Sachverhaltes. Die Konspiration gelang perfekt; der Zugeführte ging davon aus, dass er sich jetzt bei der Berliner Kriminalpolizei befände – was ja vom Gebäude her auch stimmte.

Aber wer sollte Tom Vogel nun befragen? Wir erinnern uns: Tatbezogene Beweise lagen noch nicht vor, waren aber in Sichtweite, wenn die 20 Zeugen ihn an der Stimme erkennen. Das war jedenfalls zu hoffen.

Hauptmann Lorenz von der Spezialkommission der BV Berlin, spezialisiert auf die Fälle der allgemeinen Kriminalität, war ohnehin ein fachlich Verbündeter der Kriminalpolizei. Er hatte Mitte der 1980er Jahre ein Praktikum bei der D-Schicht der Diensthabenden Gruppe (DHG) der Kriminalpolizei absolviert und war kein gewöhnlicher Praktikant gewesen, dem man alles lang und breit erklären musste und der die Arbeit behinderte. Vielmehr ermittelte er versiert und selbständig und tippte sogar die kriminalpolizeilichen Protokolle, die die DHG als die Feuerwehr der Berliner Kripo in Massen zu fertigen hatte, exakt, professionell und durch Staatsanwaltschaft und Gericht nachprüfbar in die Schreibmaschine vom Typ *Erika*.

Und so war es kein Zufall, dass Hauptmann Lorenz die Befragung von Tom Vogel übertragen bekam. Ein weiterer Kriminalist saß an der Schreibmaschine und war für das Protokoll verantwortlich. Wir wollen einmal zusehen und zuhören.

»Guten Tag, Herr Vogel!«

Lorenz stand von seinem Stuhl auf, als Tom Vogel in das Vernehmungs- und Befragungszimmer geführt wurde. Sie begrüßten sich mit Händedruck, und es sah fast so aus, als hätten sich alte Bekannte wiedergetroffen. Nun ja, irgendwie stimmte das ja auch, mit der Einschränkung, dass Lorenz das Treiben und die Persönlichkeit von Tom Vogel schon eine Weile verfolgte, während der Befragte den Kriminalisten natürlich noch nie gesehen oder von ihm gehört hatte.

Tom Vogel brachte nur ein »Tag!« über die Lippen.

»Bitte, nehmen Sie Platz.«

Tom Vogel setzte sich umständlich hin und war ziemlich unruhig, was Lorenz sofort als ein Zeichen des schlechten Gewissens deutete. Lorenz' Gesichtsausdruck war dagegen matt und verschleierte seine Anspannung. Der Hauptmann begann zu fragen.

»Herr Vogel, wir fangen einmal ganz allgemein an, denn, wie Ihnen ja schon bei der Zuführung gesagt worden ist, wir wollen lediglich einen Sachverhalt klären. Nicht mehr und nicht weniger. Und wenn wir das gemeinsam hinkriegen würden, wäre das für uns beide das Beste.«

»Ich weiß gar nicht, worum es geht«, sagte Tom Vogel und sah mit gesenktem Kopf auf den aufgeräumten Schreibtisch, der zwischen ihnen stand. Nun setzte er sich gerade hin und sah aus dem Fenster auf das gegenüberliegende *Haus der Statistik* am Alexanderplatz, wo wir uns ja gerade befanden.

Nun wurde Lorenz förmlich. »Dem Untersuchungsorgan sind Umstände bekannt, dass Sie Handlungen begangen haben, die den Verdacht einer Straftat begründen können. Was meinen Sie dazu?«

In die entstandene Pause drang ein lautes Geräusch, als wenn jemand mit Hammer und Meißel versuchen würde, Steine aus einer Wand zu schlagen. Tom Vogel kannte solche Geräusche, denn er war ja schließlich in einem Betrieb beschäftigt, der Baureparaturen ausführte. Und als er in das Präsidium der Volkspolizei geführt und in bewachender Begleitung mit dem Paternoster nach oben transportiert worden war, hatte er bemerkt, dass auch hier die Handwerker umfangreich zu Gange waren. Offensichtlich baute man etwas um.

Dieser Gedanke lenkte Tom Vogel von der jetzigen, unerfreulichen Situation etwas ab, aber nur für kurze Zeit. Irgendwie spürte er, dass das wohl die letzten Baugeräusche waren, die er in Freiheit vernehmen würde. Aber man konnte ja nie wissen ...

»Na, was sagen Sie denn nun dazu?«

»Ich habe nichts gemacht, ich sagte das doch schon. Ich habe keine Straftat begangen. Ja, ich gestehe, ich habe

Mietschulden, und auch beim VEB Energiekombinat Berlin habe ich Schulden, weil ich meine letzten Stromrechnungen nicht regelmäßig bezahlt habe. Aber deswegen holen Sie mich doch nicht hierher, oder?«

»Nein, deswegen bestimmt nicht. Denken Sie doch noch einmal nach, um welche strafbaren Handlungen es noch gehen könnte. Wenn wir Sie hierherholen, dann doch nicht wegen irgendwelcher Albereien, Kindereien oder Verfehlungen. Kein Firlefanz, sondern andere Umstände, die die Möglichkeit des Verdachts von strafbaren Handlungen begründen, und zwar sehr begründen. Oder meinen Sie etwa, wir holen die Leute einfach so ins Präsidium, um mit ihnen unsere Zeit zu vertreiben, weil wir sonst nichts zu tun haben? Das ist keinesfalls so. Also, haben Sie uns etwas zu sagen?«

»Nein. Ich kann mich an Vorfälle, die mit Ihrer Arbeit in Berührung gekommen sind, einfach nicht erinnern. Wirklich nicht.«

»Wirklich nicht?«

»Ich kann nur wiederholen, dass ich mir keiner strafbaren Handlung bewusst bin. Und jetzt sage ich gar nichts mehr.«

»Müssen Sie auch nicht«, meinte Lorenz. »Wir setzen Sie jetzt erst einmal in einen anderen Raum, in dem Sie Zeit zum Überlegen haben. Vielleicht fällt Ihnen dann doch noch etwas ein. Sie kriegen jetzt einen Kaffee oder ein Wasser, vielleicht hilft das, Ihre Erinnerungen ein wenig aufzufrischen. Und ich muss Ihnen noch etwas sagen. Wir befassen uns wirklich nur mit Personen, bei denen Anhaltspunkte für einen schwerwiegenden Verstoß gegen das Zusammenleben in unserer Gesellschaft vorliegen. Sie müssen sich einfach Ihre bisherige persönliche Entwicklung vor Augen führen, Ihre Ziele, die Sie angestrebt haben, was Sie in der Zukunft wie erreichen wollen. Mit anderen Worten: Was ist Ihr Lebensplan? Gibt es etwas, was Sie behindert hat, eine gradlinige Entwicklung zu nehmen? Sind Sie unzufrieden mit sich und der übrigen Welt? Und so weiter. Na, Sie wissen schon.«

In der Pause, die vielleicht eine halbe Stunde dauerte, hatte Tom Vogel mit seinem Gewissen gerungen, aber er sah wohl die Ausweglosigkeit und dass sein weiteres Schweigen und Abstreiten ihn nicht weiterbringen würden.

»Ich habe mir alles noch einmal überlegt«, begann Tom Vogel. »Ich habe seit 1986 Leute angerufen und sie zu ihrem Sexualleben ausgefragt.«

Nachdem das heraus war, wirkte er plötzlich wie von einer Last befreit, von der Last der Lüge oder des Verschweigens. Lorenz sah es ihm an.

»Was hat Sie bewegt, wildfremde Menschen einfach anzurufen und auszufragen? Da muss es doch einen Anlass oder eine Ursache gegeben haben.«

Tom Vogel ging in sich, und man konnte nicht sagen, dass es aus ihm nur so heraussprudelte. Aber er bemühte sich, dem versierten Kriminalisten ein paar Erklärungen zu geben, von denen er wusste, dass sie natürlich protokolliert würden. Und er hatte dann das Ganze mit seiner Unterschrift als wahrheitsgetreue Aussage zu besiegeln.

»Es begann etwa im Winter 1985/86. Ich wohnte damals in der Wohnung meiner Eltern in der Trusetaler Straße in

Marzahn. Ich war allein in der Wohnung, und das Telefon klingelte. Ein mir nicht bekannter Mann stellte sich als Mitarbeiter der *Urania* vor. Er wollte nur ein paar Fragen zur Jugendaufklärung stellen und mich in diesem Zusammenhang über meine körperliche Entwicklung befragen. Dabei stellte er Fragen zur Körpergröße, zu Alter und Herausbildung der Geschlechtsmerkmale sowie Zeitpunkt und Inhalt der Entwicklung sexueller Kontakte. Ich habe diese Fragen nicht beantwortet, sondern nach deren Kenntnisnahme einfach aufgelegt. Das war so etwas wie eine Initialzündung, denn in der Folgezeit entwickelte ich den Plan, selbst Personen zu derartigen Problemen zu befragen. Anfang 1986 ging es dann los und …«

»Gut, ich muss Sie da mal unterbrechen. Hatten Sie sich auf das erste Telefonat vorbereitet, oder wie ging das vonstatten?«

»Ich habe einfach angerufen, ohne Plan oder so was. In meinem Gedächtnis hatte ich ja die Fragen des *Urania*-Mannes gespeichert, sie ließen mich einfach nicht los, ich musste am Tage immer ein paar Mal an diese Fragen denken und malte mir Antworten aus. Also gab es keinen schriftlichen Plan oder so was. Ich habe bei den ersten Gesprächen einfach das gefragt, was dieser Mann auch von mir wissen wollte.«

Hauptmann Lorenz zweifelte das an und gab sich natürlich nicht mit dieser sehr oberflächlichen Antwort zufrieden, aber er blieb auch erst einmal auf dieser sachlichen Ebene, der Ebene der Fakten und Daten. »Zu welchen Tageszeiten führten Sie diese Anrufe durch?«

»Fast immer nur nachmittags, so zwischen 15 und

19 Uhr, in dieser Zeitspanne. Manchmal auch vormittags, wenn mir so war. Die Zeiten meiner Anrufe hatten keinen besonderen Grund, sondern ergaben sich zufällig.«

»Auch das lassen wir mal so stehen. Von welchen Fernsprecheinrichtungen aus führten Sie diese Telefonate?«

»Zunächst vom Telefonanschluss in der Wohnung meiner Eltern in der Trusetaler Straße. Nach dem Wohnungswechsel meiner Eltern benutzte ich dann öffentliche Fernsprecheinrichtungen, zum Beispiel Telefonzellen in Marzahn, in der Henneckestraße, am Buckower Ring, in der Otto-Winzer-Straße und von meinem Wohnhaus in der Allee der Kosmonauten aus. Andere Telefonzellen habe ich nicht benutzt. In einigen Fällen habe ich festgestellt, dass während der Telefonate die Verbindung zusammenbrach oder bewusst unterbrochen wurde. Da hatte ich mir damals gar nichts dabei gedacht, und wenn es sich um eine doppelte Telefonzelle handelte, habe ich einfach von der anderen Telefonzelle aus erneut angerufen. Dabei wählte ich aber eine andere Telefonnummer.«

»Wo hatten Sie die Telefonnummern her? Aus dem Telefonbuch? Wie wählten Sie die Anschlüsse aus?«

»Ich habe mir die angewählten Telefonnummern willkürlich ausgesucht. Ich muss dazu erklären, dass ich mich dabei aber auf die im Stadtbezirk Marzahn mit 33 oder 54 beginnenden Telefonnummern beschränkte. Ich fand das klug, denn ich wusste natürlich, dass in Marzahn nur wenige Geschäfte und öffentliche Einrichtungen vorhanden sind, und ich wollte ja unbedingt zu einem Privatanschluss gelangen. In dieser Privatsphäre hoffte ich auf eine größere Bereitschaft der Angerufenen, meine Fragen anzunehmen und zu beantworten. Das hat sich ja dann auch bestätigt. In einem Geschäft oder einer anderen öffentlichen Einrichtung wäre das durch die wahrscheinliche Anwesenheit anderer Personen nicht gegangen. Stellen Sie sich vor, da steht die Wirtin am Tresen, die Wirtschaft ist voll, und sie gibt mir freizügig Antworten zu ihrem Sexualleben. Das würde doch nicht funktionieren.«

»Wie viele und welche Personen haben Sie im Einzelnen angerufen?«, wollte Lorenz nun wissen.

»Seit Anfang 1986 etwa 100 bis 150 Personen. Überwiegend waren es Frauen, die am Telefon waren. In wenigen Fällen auch Männer – und Kinder. Mädchen und Jungen.«

»Können Sie sich an Namen und Adressen erinnern?«

»Nein, ich habe mir die Namen und Adressen, wenn sie denn genannt wurden, nicht aufgeschrieben oder gemerkt. Das war für meine Anrufe auch nicht wichtig. Die Anrufe selbst waren wichtig.«

»Und wie haben Sie diese wichtigen Telefonate nun geführt? Was waren Ihre Fragen?«

»Ich habe mich vorgestellt als Mitarbeiter der wissenschaftlichen Fernsehsendung *Urania*, der eine Umfrage zur Aufklärung durchführt. Dabei stellte ich mich mit einem erfundenen häufig vorkommenden Namen vor, wie zum Beispiel Meier oder Hoffmann. Die meisten Angerufenen fragten dann, wieso derartige Umfragen telefonisch durchgeführt würden, worauf ich erklärte, dass es sich in schriftlicher Form nicht lohne, da zu viele Umfrageformulare in der Vergangenheit nicht zurückgesandt worden wären. Deswegen werde die Umfrage jetzt mündlich abgehandelt. Danach fragte ich die Angerufenen, ob sie bereit seien, Fragen zur körperlichen Entwicklung und Sexualität zu beantworten. Wenn sie dann bereit waren, wollte ich zunächst das Alter, die Haarfarbe und die Körpergröße wissen. Man musste ja immer behutsam anfangen bei diesen heiklen Fragestellungen, die dann folgten. Das waren dann Fragen zur Farbe der Schambehaarung, zur Farbe und zum Durchmesser der Brustwarzen. Dann fragte ich, wie oft in der Woche der Geschlechtsverkehr durchgeführt werde, welche Stellungen bevorzugt würden. Ach, mir fällt noch ein, manchmal fragte ich auch nach der Größe der Brust. Bei der Frage nach den Stellungen, in denen der Geschlechtsverkehr ausgeübt wurde, habe ich als Beispiel die Stellungen Frau unten und Mann oben, Frau oben und Mann unten, Frau hingehockt aufgezählt.

Ich muss dazu noch erwähnen, dass ich diese Fragen nur weiblichen Personen stellte. Wenn ich bei Beginn des Telefonats einen Mann am Telefon hatte, erklärte ich diesem den eingangs genannten Sachverhalt der Umfrage der *Urania* und bat ihn, seine Frau oder Partnerin zur Beantwortung der Fragen ans Telefon zu holen. Das hat meistens auch funktioniert. Bis zum Frühjahr 1986 blieb ich bei diesem Frageschema. Nachdem ich dann die Erfahrung gemacht hatte, dass ein Großteil der angerufenen Frauen meine Fragen bereitwillig beantwortete, erweiterte ich den Inhalt der Telefonate.«

»Und woher haben Sie Ihre Kenntnisse über den ›Cunnilingus‹? Sie wissen schon, das haben Sie doch der einen Frau fast wissenschaftlich erklärt.«

Man sah Tom Vogel seine Gedanken an. Er hatte nicht erwartet, dass die Kripo so viel über ihn wusste und so viel in Erfahrung gebracht hatte. »Ich glaube«, sagte er schließlich, »das stand in einem Buch, das ich mal in der Bibliothek gefunden habe. *Sexuologie und ihre Grenzgebiete* oder so ähnlich. Ich hatte mir das damals aus dem Buch abgeschrieben, weil ...«

Und dann schwieg Tom Vogel.

Hauptmann Lorenz verglich in Gedanken die eben gehörten Aussagen mit denen der Geschädigten, und er konnte feststellen, dass Tom Vogel im Großen und Ganzen die Wahrheit gesagt hatte. Aber das war ja noch nicht das Eingeständnis seiner kriminellen Aktivitäten, die dann folgten und um die er wahrscheinlich wie die Katze um den heißen Brei reden würde. Nur die »Initialzündung«, dass er selbst von der *Fernseh-Urania* angerufen und nach sexuellen Inhalten befragt worden war, schien nicht zu stimmen und war wohl eine Notlüge, um sich ein wenig in ein besseres Licht zu rücken – frei nach dem Motto: Ich war ja selbst das Opfer!

»Und was war das nun für eine Erweiterung des Inhalts?«

»Nun.« Tom Vogel druckste herum. »Na, das ist schwieriger zu beschreiben. Aber ich hatte dann, nachdem mir die ersten Fragen immer exakt beantwortet worden waren, die Idee, den angerufenen Frauen zu erklären, dass wir für die Untersuchung die Zeitspanne benötigen würden, die sie bräuchten, um sich selbst sexuell bis zum Höhepunkt zu reizen. Wenn diese Bereitschaft vorlag – was häufig der Fall war –, erklärte ich den angerufenen Frauen, dass ich während ihrer Selbstbefriedigung den Telefonhörer weglegen würde. Sie müssten den Hörer dabei so halten, als wenn sie mit mir sprächen, und ein Apparat würde anhand der Atmungsfrequenz die Zeit bis zur Erreichung des Höhepunktes messen. In einigen Fällen habe ich den angerufenen Frauen auf ihre Frage, wie sie sich selbst reizen sollten, erklärt, sie sollten durch Aufmachen der Hose oder Hochheben des Rockes ihr Geschlechtsteil freimachen und mit dem Finger ihre Klitoris bis zum Höhepunkt reizen.«

»Und diese Masche hat funktioniert?«

»Wie ich bereits sagte, beantwortete die Mehrzahl der Frauen meine genannten Fragen und war ab dem Frühjahr 1986 auf die entsprechende Darlegung hin bereit, die Selbstbefriedigung durchzuführen. Aber einige der angerufenen Frauen haben auch nur meine Fragen beantwortet und weitere Handlungen abgelehnt, einige haben von Anfang an aufgelegt oder die Befragung abgelehnt.«

»Wie haben Sie denn diese Frauen motiviert, solche Handlungen an sich durchzuführen und die Fragen zu beantworten? Da hat doch wohl nicht ausgereicht, dass Sie sagten, hier ist der gute Onkel von der *Fernseh-Urania*. Oder?«

»Ich habe im Zusammenhang mit den Darlegungen über die angebliche Umfrage den jeweiligen Frauen in Aussicht gestellt, tragbare Fernsehgeräte, Sachpreise oder Eintrittskarten für eine *Urania*-Fernsehsendung zu erhalten. Das hat meistens gezogen. Außerdem wollte ich mit der Darlegung der Wissenschaftlichkeit der Umfrage die Bereitschaft zur Mitwirkung erzielen. Meiner Einschätzung nach haben die meisten Frauen aber aufgrund der in Aussicht gestellten Fernsehgeräte, Sachpreise und Eintrittskarten meine Fragen beantwortet und auch die später geforderte Selbstbefriedigung durchgeführt.«

»Und was haben Sie gemacht, als Sie hörten, dass die Frauen sich selbst befriedigten? Haben Sie sich einen runtergeholt?«

Diese Art der Fragestellung war nun für den eigentlich feinsinnigen, eigenbrötlerischen Tom Vogel zu direkt, nicht psychologisch genug. Aber er hatte sie schon erwartet und wusste auch, dass er dazu ebenfalls Stellung beziehen musste. Jeder einigermaßen vernünftige Mensch ahnte doch sowieso, was er tat. Aber er überlegte und überlegte, und er wusste nicht, in welche Worte er dieses Teilgeständnis kleiden sollte.

»Nun ...«

»Nun was? Haben Sie oder nicht? Wenn Sie nicht haben, sind Sie eben auf eine andere Art und Weise krank.«

»Ja, ich habe mir dann immer einen ... runtergeholt. Entweder hatte ich den Hörer dann auch weggelegt oder es passierte, nachdem ich aufgelegt hatte. Mal so und mal so.«

»Und Sie haben die Frauen nie belauscht und es dabei getan? Das glaube ich nicht.«

»Sie haben recht. Ich habe im weiteren Verlauf auch zugehört. Ich war dann unglaublich sexuell erregt, und ich habe vielleicht zwei Monate lang bei diesen Telefonaten selbst onaniert – bis zur Erreichung des sexuellen Höhepunktes. Nach etwa ein bis zwei Monaten, die ich zeitlich nicht näher eingrenzen kann, war der sexuelle Reiz bei mir jedoch nicht mehr vorhanden, und ich habe den Hörer abgelegt, wenn die Frauen sich selbst befriedigten.«

Nun wollte Hauptmann Lorenz wissen, wie er denn das gemacht habe – in einer öffentlichen Telefonzelle.

»Na, durch die Hosentasche ... Wenn jemand kam, habe ich natürlich damit aufgehört.«

»Gott sei Dank«, sagte Lorenz zynisch. »Das wäre sonst auch ein toller Anblick gewesen.« Und nach einer längeren Pause: »Und was haben Sie sonst noch alles angestellt außerhalb Ihrer Hosentasche? Was haben Sie noch getan?«

»Nichts weiter.«

»Herr Vogel, was Sie bisher gesagt haben, war sicher alles richtig, aber es war eben nicht alles. Hatten Sie nicht auch Treffen vorgeschlagen, damit die Frauen den Fernseher von Ihnen direkt in Empfang nehmen konnten?«

Das war insofern eine geschickte Fragestellung, weil auch die Botschaft übermittelt wurde, dass die Kriminalisten noch mehr, noch viel mehr wussten. Und das beeindruckte selbst den rhetorisch geübten Tom Vogel.

»In einigen Fällen habe ich die angerufenen Frauen nach ihren Selbstbefriedigungshandlungen aufgefordert, zu einem bestimmten Zeitpunkt an einem von mir benannten Ort zu erscheinen, um sich den versprochenen Fernseher, das Sachgeschenk oder die Eintrittskarten abzuholen. In einem Fall, kann ich mich erinnern, bestellte ich die angerufene Frau um 12 Uhr an einem Wochenende zur Kaufhalle in der Allee der Kosmonauten unmittelbar in der Nähe meines Wohnhauses. In anderen Fällen benannte ich verschiedene Zeiten und unterschiedliche

Orte im Bereich von Berlin-Marzahn, die mir bis auf die Gaststätte im Hochhaus Otto-Winzer-Straße nicht erinnerlich sind. Ich selbst bin aber nur am vereinbarten Ort an der Kaufhalle in der Nähe meines Wohnhauses vorbeigegangen, denn ich war neugierig geworden. Ich wollte unbedingt sehen, ob die Frau dort erschien und ihre Angaben zum Äußeren auch den Tatsachen entsprachen. Ich habe dort auch eine solche Frau gesehen, so dass ich der Meinung bin, dass die von mir angerufene Frau dort erschienen ist. Ich habe diese Frau weder angesprochen noch in irgendeiner anderen Weise Kontakt zu ihr aufgenommen, sondern wollte nur an einem Beispiel feststellen, ob ich wahrheitsgemäße Antworten erhielt. Bei anderen von mir angerufenen Frauen bin ich nicht hingegangen, sondern wollte mit der Vereinbarung eines Treffpunktes zur Abholung des versprochenen Gegenwertes für ihre Mitwirkung nur die Glaubwürdigkeit der wissenschaftlichen Umfrage verstärken.«

Nach einer kleinen Pause ging die Befragung weiter. Lorenz wusste schon, dass es jetzt schwierig werden würde, denn nun müsste er fragen, was Tom Vogel mit den Kindern angestellt hatte. Und damit kamen sie zu dem Vorwurf, dass er, strafrechtlich gesehen, versucht hatte, die Kinder umzubringen. Zu ermorden.

Als Tom Vogel wieder hereingebracht wurde, hatte man das Gefühl, dass er seine Selbstsicherheit wiedergewonnen hatte und wohl meinte, er habe alles gestanden und die für ihn schwierigste Etappe des Verhörs sei nun beendet. Jetzt kämen noch ein paar Formalitäten …

Aber Tom Vogel irrte sich, denn Lorenz begann ohne

Umschweife. »Und was haben Sie mit den Kindern angestellt? Es wäre schön, wenn Sie das auch noch erzählen würden. Und dann hätten wir's ja fast.«

Der Befragte war betroffen. Er lachte ein wenig hysterisch. Das war die typische Reaktion von verunsicherten Naturen, die geglaubt hatten, eine Krise überwunden zu haben, und dann bemerkten, dass sie falsch lagen. Bald kam er aber wieder zu sich und schwieg lange. Jetzt wirkte er ermattet, und er schämte sich wohl. Jedenfalls hatte Lorenz einen solchen Eindruck.

»Na ja«, murmelte Tom Vogel schließlich. »Ab und zu war auch ein Kind am Telefon ...«

»Gut, und was passierte dann? Sagen Sie es mir einfach.«

»Na ja, ich fragte zuerst, ob die Mutter zu Hause sei, und habe, wenn dies der Fall war, in der Folge die Telefonate in der genannten Weise mit der Mutter geführt. Wenn das Kind allein oder mit Geschwistern in der Wohnung war, habe ich zunächst mit denselben Worten wie bei Erwachsenen erklärt, dass ich für die *Urania* eine Umfrage durchführe, welche der Aufklärung diene und bei der Fernsehgeräte, Sachpreise oder Eintrittskarten gewonnen werden könnten. Im Weiteren habe ich dann nach Alter, Körpergröße, Haarfarbe, und ob sie Mama und Papa schon beim Geschlechtsverkehr erlebt hätten, gefragt. Männliche Kinder habe ich darüber hinaus gefragt, ob sie schon mal ein steifes Glied gehabt hätten. Mädchen fragte ich, ob sie schon Schambehaarung oder Brust besäßen. Ich erklärte sowohl den Jungen als auch den Mädchen, dass es schön sei, Geschlechtsverkehr durchzuführen, und fragte sie, ob sie es auch mal versuchen wollten. Bei denjenigen, die dies verneinen, habe ich das Telefonat beendet und den Hörer aufgelegt. Wenn meine letztgenannte Frage bejaht wurde, was in mehreren Fällen vorkam, habe ich Jungen auf die Frage, wie es gehen würde, erklärt, sie müssten die Hose herunterziehen und sich am Glied reiben. Mädchen habe ich gesagt, dass sie sich die Hose herunterziehen und mit dem Finger über der Stelle reiben müssten, mit der sie pullern. In der Folgezeit habe ich bei solchen Telefonaten dann durch Fragen festzustellen versucht, ob die Kinder die genannten Handlungen durchgeführt hätten, was in einigen Fällen bejaht wurde. Ich muss ergänzen, dass alle Kinder, die zu diesen Handlungen bereit waren, mir auch bestätigten, dass sie dies gemacht hätten.«

»Was waren das für Kinder? Namen, Adressen? Können Sie mir das sagen?«

»Das weiß ich nicht mehr. Ich weiß nur noch aufgrund der Antworten auf meine Fragen nach dem Alter, dass es sich um Jungen und Mädchen vom achten Lebensjahr an bis zum Jugendalter handelte.«

»Schön, und wie haben Sie diese Kinder und Jugendlichen motiviert?«

»Ich habe auch Fernsehgeräte, Sachpreise und Eintrittskarten in Aussicht gestellt. In einigen Fällen habe ich aber, wenn Kinder nicht antworten oder nicht mitmachen wollten, erklärt, dass ihre Eltern sicher böse sein würden, da sie die in Aussicht gestellten Preise nicht erhalten könnten. Mehr kann ich dazu nicht sagen.«

»Doch«, sagte Lorenz nun sehr bestimmt. »Das können Sie. Und Sie können sich auch erinnern, denn so etwas vergisst man bestimmt sein ganzes Leben nicht. Sie haben auch böse Folgen angedroht für den Fall, dass die Kinder nicht antworten oder bei Ihren, nennen wir es mal ›Experimenten‹ nicht mitmachen würden.«

»Ich kann mich nicht daran erinnern. Ich habe mit nichts weiter gedroht. Ich habe die Kinder auch nicht eingeschüchtert.«

»Gut. Was sollten die Kinder denn noch alles tun?«

»Nichts weiter, ich habe schon alles wahrheitsgemäß ausgesagt. Sie können mir nicht noch weitere Sachen anhängen.«

Dann verfiel Tom Vogel in eine ausgedehnte grüblerische Haltung, als ob er stark nachdenken würde, um aus seiner Erinnerung noch etwas herauszureißen.

Aber Lorenz hakte nach und wurde wieder offiziell. »Dem Untersuchungsorgan liegen Beweismittel vor, dass Sie die Kinder noch zu ganz anderen Handlungen animiert haben. Auf jeden Fall ist da mehr passiert, als Sie bisher zugegeben haben. Da wette ich mit Ihnen.«

»Es kann sein«, ergänzte Tom Vogel seine Aussage, »dass ich die Kinder aufforderte, wenn zwei oder mehr Geschwister ohne Eltern in der Wohnung waren, sich gegenseitig an den Geschlechtsteilen zu reiben. Ich fragte dann, ob sie das täten, und die Kinder bestätigten mir das in der Regel. An Weiteres kann ich mich wirklich nicht erinnern.«

»Schritt für Schritt kommen wir jetzt der Wahrheit näher. Aber da war noch was ganz anderes, für das Sie auch die Verantwortung übernehmen sollten. Das würde sich sehr gut auf das Strafmaß auswirken.«

»Es fällt mir noch ein, dass ich in einigen Fällen Geschwister aufgefordert habe, das Geschlechtsteil des jeweils anderen Kindes in den Mund zu nehmen. In einem Fall bestätigte mir auf mein Befragen hin auch der Junge oder das Mädchen – ich erinnere mich nicht mehr so genau –, dass das Mädchen das Geschlechtsteil des Jungen in den Mund genommen habe. Weitere Handlungen habe ich wirklich nicht gefordert. Wirklich.«

Lorenz lehnte sich weit zurück, sein Gesicht entspannte sich. Beim Kampf um die Wahrheit, und nur darum ging es jetzt, lagen einige Zwischenergebnisse vor, die durchaus nützlich waren, um Tom Vogel weiter in die Enge zu treiben. Er sollte auch das zugeben, was er unbedingt verschweigen musste, wenn er nicht als der »Marzahner Telefonmörder« in die Kriminalgeschichte der DDR eingehen wollte. Ein Teilgeständnis hatte er zwar abgelegt, aber vor der ganzen Wahrheit fürchtete er sich offensichtlich sehr.

»Da war doch noch etwas. Geben Sie es endlich zu. Sprechen Sie mit mir darüber. Das wird Ihre Seele erleichtern.«

»Ich bleibe dabei, dass ich nur die von mir genannten Fragen gestellt und Kinder nur zu den von mir genannten Handlungen aufgefordert habe. Weitergehende Handlungen sind durch mich nicht veranlasst worden, in keinem einzigen Falle.«

»Gut, dann lassen wir das mal so stehen. Wir werden aber darauf zurückkommen. Aber was ganz anderes: Was war Ihre Motivation für diese Handlungsweisen gegenüber Frauen und Kindern? Was hat Sie getrieben?«

»Es war irgendwie Zeitvertreib und Selbstbestätigung oder so etwas. Mich reizte dabei nicht in erster Linie der sexuelle Hintergrund, sondern ich wollte austesten, inwieweit ich in der Lage bin, andere zu veranlassen, das zu tun, was ich will. Ich wollte der uneingeschränkte Herrscher sein. Der Reiz für mich bestand also darin, festzustellen, ob es mir gelingt, Personen zur Beantwortung meiner intimen Fragen und zur Durchführung von sexuellen Handlungen zu bringen. Ob ich Macht ausüben kann. Ob nun bei Frauen oder bei Kindern, ich war immer stolz, dass ich Macht ausüben konnte und dass sie das gemacht haben, was ich von ihnen verlangt hatte. Und das war schon ein gutes Gefühl. Die Selbstbefriedigung war nur so ein Nebeneffekt, der, wie ich ja bereits gesagt habe, nach ein bis zwei Monaten seinen Reiz verloren hat.«

»Aber«, warf Lorenz ein, »das hätte man doch auch mit anderen Mitteln testen können, ob die Leute Ihnen gehorchen, ob sie genau das machen, was Sie von ihnen verlangen. Warum haben Sie eine sexuelle Thematik gewählt?«

»Das war für mich so etwas wie ein Psychotest. Die sexuelle Problematik ist doch bei uns ein ›Immunthema‹, ein ›Tabuthema‹, über das man Fremden gegenüber nicht ohne weiteres Auskünfte erteilt. Gerade darin lag für mich der Reiz, festzustellen, ob die Leute einer für sie wildfremden Person darüber Auskünfte erteilen. Und ob ich das kann, ob ich dazu in der Lage bin. Anders kann ich Ihnen das nicht erklären.«

Lorenz wiegte seinen Kopf leicht hin und her. »Das, was

Sie eben gesagt haben, scheint mit ganz logisch zu sein. Nach einigen Telefonaten müssen Sie doch zu der Überzeugung gelangt sein, dass Sie voll und ganz in der Lage sind, wildfremde Personen zu sexuellen Handlungen und Aussagen zu bewegen, die die Intimsphäre betreffen, über die man üblicherweise gegenüber einer fremden Person schweigt. Also, es müssen da noch andere Motive mit im Spiel sein.«

»Dann habe ich wohl aus Zeitvertreib weitergemacht«, war die knappe Antwort des Befragten.

»Kommen wir jetzt zum Schluss. Wann haben Sie denn das letzte Mal solche Gespräche geführt?«

»Letztmalig etwa Ende März 1987. Ich hatte schon das Gefühl, dass wegen meiner Telefonate Ermittlungen geführt wurden. Das war für mich beunruhigend, und da konnte ich doch nicht einfach weitermachen.«

»Gab es einen konkreten Anlass, der Sie zu dieser Schlussfolgerung geführt hat?«

»Ja. Ich bin ein guter Beobachter. Ich hatte vor dem letzten Telefonat um die Mittagszeit herum aus einer Telefonzelle in meinem Wohnhaus Allee der Kosmonauten 200, ich berichtige mich, in der Henneckestraße eine Frau oder ein Kind, das ist mir nicht erinnerlich, angerufen und trat in der genannten Weise in Erscheinung. Und während ich telefonierte, sah ich einen blauen Pkw Trabant vorbeifahren und etwa 30 bis 40 Meter von der Telefonzelle entfernt in der Straße halten. Zuvor hatte der Pkw bereits auf dem Parkplatz in der Nähe der Telefonzelle gehalten, und ein Mann war ausgestiegen. Dieser Mann begab sich in die direkt neben meiner befindliche Telefonzelle und telefonierte dort. Dabei kam mir komisch vor, dass der Trabant nicht auf dem Parkplatz stehen geblieben war, sondern in der genannten Entfernung auf der Straße. Als ich die Telefonzelle verließ, tat der Mann in der Nebenzelle dies ebenfalls und winkte den Pkw heran. Als ich mit dem von mir an diesem Tage benutzten Fahrzeug vom Typ Multicar, polizeiliches Kennzeichen IFF 3-58, losfuhr, kam mir der Trabant hinterhergefahren. Da ich durch mehrere Straßen einen Kreis in Richtung des Ausgangsortes, der Telefonzelle, fuhr und mir der Trabant dabei immer folgte, stand für mich fest, dass ich von Angehörigen der Kriminalpolizei verfolgt wurde.

Weiterhin hatten mir bis zu diesem Zeitpunkt bereits mehrere Angerufene mitgeteilt, dass sie schon Anrufe von der *Urania* erhalten und bei der Nachprüfung festgestellt hatten, dass es keine Umfrage gab. Mehr kann ich dazu nicht sagen.«

Zum Abschluss der Befragung wurde Tom Vogel noch einmal die Gelegenheit geboten, weitere Erklärungen abzugeben. Er wurde erneut darauf hingewiesen, dass dem Untersuchungsorgan Beweise dafür vorlägen, dass er die Kinder zu weitergehenden Verhaltensweisen als den bisher genannten aufgefordert habe, aber Tom Vogel hatte nichts zu ergänzen und hinzuzufügen.

Zwischenzeitlich war es Nacht geworden, dunkel auch im Leben von Tom Vogel. Nach der Befragung gab er eine Erklärung ab, deren schriftliche Fassung er unterschrieb:

Während meiner Befragung am 29. April 1987 in der Zeit von 7.50 Uhr bis 00.30 Uhr wurden mehrfach Pausen eingelegt. Im Verlaufe der Befragung wurden mir mehrfach

Speisen und Getränke angeboten. Ich habe mehrere Tassen Kaffee erhalten und zu mir genommen, das Angebot von Speisen lehnte ich ab, da ich keinen Hunger verspürte. Nach der Beendigung der Befragung wurden mir um 01.15 Uhr nochmals Speisen und Getränke angeboten, was ich ebenfalls ablehnte.

Das Protokoll, das dieser nachempfundenen und in erzählerische Form gebrachten Befragung zugrunde liegt, spiegelt diese 17 Stunden Befragung nicht einmal in Ansätzen wider, sind doch Protokolle stets auch Zusammenfassungen, Abkürzungen, Beschränkungen auf das Wesentliche. Zwischenzeitlich war auch noch ein dritter Vernehmer, wenn man den Protokollanten mitrechnete, am Tisch, und wann welche Pausen eingelegt worden sind, wissen wir nicht. Dennoch dürfte sich das Ringen um die Wahrheit so oder so ähnlich abgespielt haben.

Wir lesen auch im Originalprotokoll mit großem Interesse, dass Tom Vogel die Observation durch in diesem Fach nicht geschulte Mitarbeiter der Abt. XIX der BV Berlin aufgefallen ist und er sich als Täter durchaus geschickt verhalten hat, als er mit seinem Multicar noch eine Runde drehte, um zu ermitteln, ob er verfolgt wurde. Jetzt war auch klar, warum er danach keine Anrufe mehr tätigte.

Am 30. April 1987 wurde dann die Befragung fortgesetzt. Darüber lesen wir im Protokoll: *Mitteilung des Untersuchungsorgans: Ihnen wird mitgeteilt, dass mit Wirkung vom 30. April 1987 gegen Sie ein Ermittlungsverfahren durch das Ministerium für Staatssicherheit wegen des dringenden Tatverdachtes strafbarer Handlungen gemäß der §§ 112 Abs. 1 und 3, 122 Abs. 1 und 5, 148 Abs. 1, 137 Abs. 1, 139 Abs. 1 StGB eingeleitet worden ist. Anhand des Strafgesetzbuches wurden Sie über Inhalt und Strafandrohung in der genannten Strafrechtsnorm sowie über Ihre strafprozessualen Rechte gemäß der §§ 61 und 91 StPO belehrt. Sie werden der versuchten vorsätzlichen Tötung eines Menschen, der Nötigung und des Missbrauchs zu sexuellen Handlungen im Versuch sowie des sexuellen Missbrauchs von Kindern und der Beleidigung beschuldigt. Welche Erklärungen haben Sie zu der Mitteilung des Untersuchungsorgans zu machen?*

Die Antwort von Tom Vogel fiel formal und minimalistisch aus. Er wiederholte einfach, was ihm soeben mitgeteilt wurde, gab zu Protokoll, dass er seine Rechte verstanden habe, insbesondere alles vorbringen zu können, was die erhobene Beschuldigung ausräumen oder die strafrechtliche Verantwortung mindern könnte. Ob er zu seiner Verteidigung einen Rechtsanwalt beauftragen werde, ließ er offen. Das wollte er sich noch reiflich überlegen. Zu den erhobenen Beschuldigungen betonte er noch einmal, dass er vorsätzliche Tötungen nicht versucht oder beabsichtigt habe. Damit habe er nichts zu tun.

Den Vorwurf also, versucht zu haben, die Kinder durch seine Anweisungen per Telefon vorsätzlich zu töten, wies er weit von sich. Jedenfalls in den ersten Tagen der Befragungen wollte Tom Vogel kein »Telefonmörder« sein.

Die Kriminalisten des MfS setzten ihn noch darüber in Kenntnis, dass zusätzlich zum Protokoll der Beschuldigtenvernehmung eine Schallaufzeichnung angefertigt und der Erlass eines Haftbefehls beantragt worden sei. Auch über die Haftfürsorgeverordnung wurde er informiert.

Dann wurde noch gefragt, wie die kriminalistische Fachliteratur *Die Untersuchung unnatürlicher Todesfälle*, die bei der Wohnungsdurchsuchung gefunden wurde, in seinen Besitz gekommen sei und welcher Zusammenhang mit den versuchten Tötungshandlungen bestehe. Tom Vogel stritt nicht ab, das Buch zu besitzen. Aus reinem Interesse habe er es auch tatsächlich gelesen, und er wusste nicht zu sagen, woher es stammte. Und auf den Zusammenhang nochmals angesprochen, erwiderte er, dass es gar keinen Zusammenhang geben kann, weil er ja gar keine Tötungsabsicht gehabt hatte. So einfach konnte er sich die Welt schönreden.

Die weitere Bearbeitung des Ermittlungsverfahrens erfolgte nach der Übergabe am 30. April 1987 durch das Dezernat X der Kriminalpolizei im PdVP Berlin im Zusammenwirken mit der Spezialkommission der Abteilung IX der BV Berlin.

In der Folgezeit saß Tom Vogel nun versierten Vernehmern vom Dezernat X gegenüber. Die Oberleutnante der K Lommatzsch und Uhlig brachten ihn am 14. Mai 1987 zu einem Geständnis, was die versuchten Tötungshandlungen betraf. Im Protokoll lesen wir:

Ja, ich habe am Telefon Kinder zu Handlungen veranlasst, in deren Folge der Tod hätte eintreten können. Im Einzelnen waren das Folgende:

Bei einem Telefongespräch veranlasste ich ein Kind, ein Fenster in der Wohnung zu öffnen. An das offene Fenster sollte ein Stuhl gestellt werden, und das Kind sollte darauf steigen. Wenn das Kind auf dem Stuhl steht, kann es das Gleichgewicht verlieren und aus dem Fenster stürzen. Ich habe das Kind zu diesen Handlungen veranlasst, um zu sehen, ob meine Anweisungen realisiert werden.

Zwei Geschwisterkinder habe ich bei einem anderen Telefongespräch veranlasst, eine Schnur zu holen, an einem Ende eine Schlaufe zu knoten, um dort die Schnur als Schlinge durchzuziehen. Das andere Ende der Schnur sollte dann an einer Türklinke festgebunden werden. Die Schnur sollte über die Tür gelegt werden. Auf der anderen Seite der Tür sollte ein Stuhl oder ein Hocker aufgestellt werden. Darauf sollte eines der Kinder steigen und sich die Schlinge um den Hals legen. Das andere Kind veranlasste ich, den Stuhl anzukippen. Das Kind, welches auf dem Stuhl stand, sollte erst von selbst vom Stuhl steigen. Dabei hätte sich die Schlinge um den Hals des Kindes zugezogen. Das Kind hätte sich erhängt. Der Tod wäre eingetreten. Auch in diesem Fall wollte ich sehen, inwieweit die Kinder meine Anweisungen befolgen.

Ein weiteres Kind habe ich dazu veranlasst, eine Schüssel zu holen und diese mit Wasser zu füllen. Das Kind sollte sich mit einem oder mit beiden Füßen in die Schüssel stellen und dann eine an das Stromnetz angeschlossene Verlängerungsschnur hineinlegen. Dadurch hätte das Kind einen elektrischen Schlag bekommen, und auch hier hätte der Tod des Kindes eintreten können.

Bei einem weiteren von mir durchgeführten Telefongespräch hatte ich wieder zwei Kinder (Geschwister) erreicht. Mit den Kindern wollte ich einen Wettbewerb durchführen. Die Kinder sollten abwechselnd die Luft anhalten, und ich wollte sehen, wer dies am längsten schafft. Ich sagte dann zu den Kindern, dass sie die Badewanne mit Wasser volllaufen lassen sollen. Wie hoch das Wasser in der Badewanne stehen sollte, sagte ich nicht. Ein Kind sollte dann in die Badewanne steigen und den Kopf unter Wasser stecken. Hier wurde mir aber mitgeteilt, dass das Kind, welches in der Wanne war, immer wieder hoch kam. Ich sagte zu dem anderen Kind, es soll das Kind in der Wanne unter Wasser drücken. Damit meinte ich, dass der Kopf unter Wasser gedrückt werden sollte. Weitere Handlungen fallen mir nicht ein.

Bei erwachsenen Personen gab ich vor, eine Umfrage durchzuführen. Wenn auf meine Umfrage eingegangen wurde, habe ich mein Frageprogramm abgearbeitet. Dieser Personenkreis hätte aber auch festgestellt, dass die o. g. Handlungen nicht zum Frageprogramm gehören. Aufgrund ihrer geistigen Entwicklung hätten diese Personen die Sache überblickt und diese Handlungen nicht durchgeführt.

Bei Kindern gab ich auch vor, eine Umfrage durchzuführen. Indem ich die Kinder zu diesen Handlungen animierte, an dieser Stelle möchte ich ausdrücklich betonen, dass dies aus meiner Sicht unbewusst geschah, nutzte ich die geringe geistige Entwicklung der Kinder aus. An dieser Stelle möchte ich korrigieren: Im vorhergehenden Satz ist das »unbewusst« auf die geringe geistige Entwicklung bezogen.

In der Vernehmung von 19. Mai 1987 ergänzte Tom Vogel seine Aussagen und bestätigte noch einmal, dass er 100 bis 150 Personen angerufen hatte. Und in der Vernehmung am 25. Mai 1987 erklärte er Lommatzsch und

Uhlig endlich, warum und mit welchem geistigen Horizont er versucht hatte, per Telefon Kinder zu töten.

Das Ermittlungsverfahren wurde vom Dezernat X der Kriminalpolizei im Präsidium der Volkspolizei Berlin am 17. Juli 1987 mit dem Schlussbericht an den Generalstaatsanwalt von Berlin, Hauptstadt der DDR, abgeschlossen. Oberleutnant der K Lommatzsch fasste alle Fälle akribisch zusammen, wobei dem Komplex *Vorbereitung bzw. Versuch der vorsätzlichen Tötung eines Menschen* besondere Aufmerksamkeit gewidmet wurde. Insgesamt hatte das Dezernat X unter der Leitung von Oberstleutnant der K Marmulla fünf derartige Delikte beweiskräftig ermittelt; über zwei davon haben wir ausführlich berichtet.

Das Stadtgericht Berlin verurteilte Tom Vogel im Frühjahr 1988 wegen dieser schweren Straftaten zu 13 Jahren Freiheitsstrafe. Die Psychiater fertigten ein Gutachten an, in dem Tom Vogel attestiert wurde, dass bei ihm weder eine zeitweilige oder dauerhafte Störung oder Geisteskrankheit noch andere Gründe, zum Beispiel eine Bewusstseinsstörung, vorlagen, die seine Zurechnungsfähigkeit minderten oder ganz ausschlossen, womit er strafrechtlich voll verantwortlich war. Allerdings stellten sie fest, dass seine sexuelle Entwicklung nicht normgerecht verlaufen war. Tom hatte wenig Kontakt zu Frauen und Mädchen, war viel mit sich selbst beschäftigt und fand schließlich Gefallen daran, sich per Telefon Befriedigung zu verschaffen. Sozusagen als sexuelle Ersatzhandlungen. »Alle krankhaften Störungen des Geschlechtslebens sind mit gutem Recht als Entwicklungshemmungen zu betrachten«, schrieb schon der große Sigmund Freud, der Begründer der Psychoanalyse.

Obwohl Vogel bei den letzten Vernehmungen durch die Kriminalpolizei schließlich gestanden hatte, mit Tötungsabsicht gehandelt zu haben, widerrief er diese Aussage vor Gericht. Er habe nur sehen wollen, so seine Darstellung nun, ob die Kinder wirklich das machen würden, was er ihnen auftragen würde, und über welche Macht er verfüge. Und was er ihnen suggeriert habe, sei doch so gefährlich gar nicht gewesen – das behauptete er im gerichtlichen Hauptverfahren. Denn er habe angeblich gesagt, dass der Junge zum Erhängen einen zerreißbaren Strick nehmen solle. Heide Schlebeck schrieb dazu in der *Berliner Zeitung* vom 3. Mai 1988: »Die Aussagen der Kinder und seine eigenen bei der Kriminalpolizei beweisen allerdings das Gegenteil. Und dass der Zehnklassenschüler, der auch als Mitglied der freiwilligen Feuerwehr über die Gefahren beim Umgang mit elektrischem Strom geschult wurde, es tatsächlich als harmlos ansieht, wenn Kinder mit elektrisiertem Wasser umgehen, glaubte ihm wohl keiner im Saal.«

Denn Tom Vogel war zwar nicht schizophren oder anderweitig geistesgestört, aber doch eine sehr gespaltene, widersprüchliche Persönlichkeit. Fast seine gesamte Freizeit verbrachte er bei der freiwilligen Feuerwehr, wo er half, Leben und Gesundheit zu schützen, und sogar eine Schülerarbeitsgemeinschaft leitete. Auf der anderen Seite »spielte« der »gute Feuerwehrmann« so grausam mit den Kindern.

Welche Geisteshaltung hatte Tom Vogel? In der schon genannten Beschuldigtenvernehmung vom 25. Mai 1987 hatte er ausgesagt:

Nun zu der letzten Form der Steigerung, was den Tod des Kindes bedeutet hätte: Dazu muss man sich erst einmal klarwerden, was für jeden Einzelnen der Tod bedeutet. Für mich bedeutet er absolut nichts. Ich bin der Meinung, lieber mit 30 Jahren tot zu sein, als aufgrund einer gesundheitlichen Schädigung nur so dahinsiechen zu müssen und von anderen abhängig zu sein. Für mich stellt der Tod absolut nichts dar, wovor man Angst haben muss. Er tritt bei dem einen früher, bei dem anderen später sowieso ein.

Da für mich dahingehend keine Hemmschwelle besteht, habe ich sie im Zusammenhang mit der Befragung der Kinder (Anstiftung bzw. Veranlassung zu den bereits geschilderten Handlungen, die lebensbedrohende Zustände bzw. den Tod herbeiführen können) auch überschritten. Dabei war ich von dem Ehrgeiz gepackt, so weit wie möglich zu gehen. Ich machte mir da auch keine Gedanken darüber, denn wer macht sich schon Gedanken über etwas, was völlig normal erscheint.

Deswegen bei den Kindern die Änderung des Frageprogramms. Die Frage nun, warum gerade der Tod, ist schwer zu beantworten. Vielleicht weil andere Menschen vor dem Tod zurückschrecken. Ich wollte so weit wie möglich dahinkommen. Andere Menschen denken vielleicht anders darüber.

Der Staatsanwalt, der Tom Vogel in der Hauptverhandlung als »sexuell verklemmten Hochstapler« bezeichnet und 15 Jahre Freiheitsentzug beantragt hatte, legte Pro-

Härtere Strafe für die Mordversuche per Telefon

Dem Protest des Staatsanwalts wurde stattgegeben

Am Mai berichteten wir unter der rschrift „Umfrage als Vorwand und Mordversuche per Telefon" über eine Gerichtsverhandlung, in der sich der 20jährige Thomas S. dafür verantworten mußte, weit über 100 Frauen in Marzahn angerufen und als angeblicher Mitarbeiter der Fernseh-Urania intimste und obszöne Fragen zum Sexualleben gestellt, auf die gleiche Weise etwa zwölfmal Kinder genötigt und mißbraucht und in fünf weiteren Fällen es nicht dabei belassen zu haben, ihre sittliche Entwicklung zu gefährden. Er unternahm Mordversuche. Erzählte ihnen zu diesem Zweck am Telefon ebenfalls das Märchen von der Fernseh-Urania und verlangte von ihnen schließlich, mit sich, ihrer kleinen Schwester oder dem Bruder Dinge zu tun, die von größter Gefahr für ihr Leben waren.

Das Stadtgericht verurteilte Thomas S. zu einer Freiheitsstrafe von 1 Jahren. Der Staatsanwalt, der 15 re beantragt hatte, legte Protest gegen das Urteil ein; die Rechtsanwälte, die ein beträchtlich geringeres Strafmaß gefordert hatten, gingen in Berufung.

Dieser Tage wurde die Strafsache in zweiter Instanz durch das Oberste Gericht verhandelt. Sein 5. Strafsenat führte dazu noch eine weitere, ergänzende Beweisaufnahme durch und verurteilte den Angeklagten entsprechend dem Antrag des Staatsanwalts zu einem Freiheitsentzug von 15 Jahren.

Bei der Entscheidung über das Strafmaß berücksichtigte das Oberste Gericht, in welch große Gefahr der Angeklagte die Kinder bei seiner Tötungsabsicht bereits gebracht hatte. In einem Fall hatte ein sechsjähriges Mädchen bereits die Schlinge um den Hals und hing an der Wohnzimmertür, zum Glück riß dann noch die Schnur. Rigoros und hinterhältig nutzte der junge Mann die Arglosigkeit und Unwissenheit der Kinder aus, versetzte sie in Angst mit der Lüge, ihren Eltern würde Schlimmes passieren, wenn sie nicht das Verlangte täten, und ließ nicht ab von dem Versuch, mit dem Tod zu experimentieren.

Angesichts dieser verbrecherischen Manipulationen gegen Kinder sprach der 5. Strafsenat des Obersten Gerichts die höchste zeitlich begrenzte Freiheitsstrafe aus. Das Urteil ist rechtskräftig.

Heide Schiebeck

Berliner Zeitung 9./10. Juli 1988

test gegen das erstinstanzliche Urteil ein. Die Verteidigung ging in Berufung, sie forderte ein beträchtlich geringeres Strafmaß.

Am 30. Juni 1988 verhandelte der 5. Strafsenat des Obersten Gerichts der DDR in zweiter Instanz, wobei noch eine weitere, ergänzende Beweisaufnahme durchgeführt wurde. Der »Telefonmörder«, der so viele Marzahner Familien in Angst und Schrecken versetzt hatte, wurde, angesichts der verbrecherischen Manipulationen gegen Kinder, entsprechend dem Antrag des Staatsanwaltes zu einem Freiheitsentzug von 15 Jahren verurteilt. Das war die höchste zeitlich begrenzte Freiheitsstrafe, die es in der DDR gab.

Die Berufung wurde dagegen als unbegründet zurückgewiesen. Somit erlangte das Urteil Rechtskraft, worüber auch die *Berliner Zeitung* in der Wochenendausgabe vom 9. und 10. Juli 1988 berichtete.

Auch in Berlin-West machte der Fall Tom Vogel Schlagzeilen: *Der grausame Mann am Telefon: Erzähle mir mal was über deine Eltern! Bist du allein zu Hause?* Der Artikel war platziert zwischen einem Rezept (*Mit Pfeffer abschmecken*) und einem Artikel über zwei Beamte, die man überall vorzeigen kann. Die genaue Quelle dafür konnten wir leider nicht ermitteln. Andere Zeitungen berichteten in ihren Überschriften sachlicher: *13 Jahre Haft für Ost-Berliner wegen Mordanweisungen an Kinder* (*Der Tagesspiegel* vom 29. April 1988) oder *Ost-Berliner Gerichtsberichte über Tötungsanleitungen an Kinder* (ohne Quelle).

Der Fall ist in seinen Grundzügen im Jahr 1991 in der Kriminalfilmreihe *Polizeiruf 110* mit dem Titel *Mit dem Anruf kommt der Tod* verfilmt worden. Es soll sich um einen der besten und beliebtesten Filme dieser Reihe handeln – so urteilen nicht nur die Fachleute, sondern auch ein breites Publikum.

Es bleibt nachzutragen, dass der OV »Urania« archiviert

wurde, da der Fall endgültig abgeschlossen war. Heute befindet sich der OV »Urania« im Archiv des Bundesbeauftragten für die Unterlagen des MfS und legt Zeugnis darüber ab, dass vor allem die BV Berlin des Ministeriums für Staatssicherheit entscheidend daran beteiligt war, diesen hochgefährlichen Täter zu überführen und damit andere Kinder und Familien vor weiteren Taten zu schützen.

Für uns ist der Fall nicht abgeschlossen, denn wir haben ihn nach gründlichem Aktenstudium wieder zum Leben erweckt und in die heutige Zeit herübergeholt. Von Tom Vogel wissen wir allerdings nicht, wie es ihm geht und was ihn heute vorantreibt.

Wir haben uns abschließend aber vor allen Dingen gefragt, was aus den Opfern der kriminellen Attacken, die so unvermittelt eingesetzt hatten, geworden sein mag. Die Kinder waren damals unbeschwert, hatten große Hoffnungen und das wunderbare Gefühl, ein unendliches Meer an Zeit vor sich zu haben, wussten aber schon, dass das wahre Leben irgendwo anders ist, noch nicht da, wo sie selbst sich befanden. Und sie wussten auch, dass es sehr bald kommen würde. Und dann war es doch von seiner schlechten Seite viel zu früh mit einer ungeheuren Heftigkeit über sie hereingebrochen.

Haben diese Kinder Schäden davongetragen? Konnten sie die schrecklichen Erlebnisse wenigstens verdrängen? Sie haben nach diesen Ereignissen wie wir die Zeit durchforstet, aber konnten sie Antworten auf ihre Fragen finden, nach dem Sinn des Lebens und warum gerade sie das Unglück ereilte? Vergessen, das wissen wir, können sie all das nicht.

Auf diese Fragen konnten wir trotz einer umfangreichen Recherche leider keine Antworten finden. Aber wir wissen ja schon, dass das Verbrechen einen sehr langen Arm hat. Noch lange, nachdem es sich ereignete, holt es seine Opfer ein.

Postraub am Spreekanal

Die Wassergasse in Berlins Mitte, in der Nähe des Märkischen Museums und der Spreearme, kennen nicht viele. Ihren Namen bekam die kleine Straße von den Überschwemmungen, denen diese Gegend vor Anlegung der Memhardtschen Stadtbefestigung im Jahr 1658 und des Festungsgrabens, also des Spreekanals, oft ausgesetzt war. Ursprünglich war es ein Weg über Wiesen und wurde erst Ende des 19. Jahrhunderts als Gasse angelegt. Sie ist eine der kürzesten Straßen der Hauptstadt, die kürzeste ist mit 16 Metern die Eiergasse im Nikolaiviertel, gar nicht weit entfernt von der Wassergasse. Gleich um die Ecke in der Rungestraße 10 findet man übrigens das schmalste Haus Berlins mit einer Breite von nur 3,50 Metern.

Auch das Nachbarhaus unseres Tatortes, der sich in einem Eckhaus befindet, Köpenicker Straße 92, hat Geschichte geschrieben. Es war einmal ein Wohnhaus mit schlichtem Ansehen, heute befindet sich dort das Hotel *The Dude Berlin*. Bis zu seinem Umbau lagen in der linken Tordurchfahrt noch Straßenbahngleise, denn das Grundstück diente nach 1886 als Bahndepot der Groß-Berliner Straßenbahn. Lauter Merkwürdigkeiten, zu denen sich noch ein berühmtes Verbrechen gesellt: der spektakulärste Postraub der DDR-Kriminalgeschichte in der Wassergasse 1 am 12. Mai 1977. Es war ein Donnerstag.

Der *Postraub in der Wassergasse* – das ist fast schon ein Kennwort für Insider geworden. Dabei hätte es auch *Postraub in der Köpenicker Straße* heißen können, was aber zugegebenermaßen nicht so gut klingt. Dass der Raub zwei verschiedene Namen hätte bekommen können, hängt mit dem Haus zusammen, in dem sich die kriminellen Geschehnisse ereigneten.

Wohnhaus Köpenicker Straße 94/Wassergasse 1.
Ansicht Mai 1977

Das Wohnhaus wird im Buch *Die Bau- und Kunstdenkmale der DDR. Hauptstadt Berlin I* auf Seite 255 wie folgt beschrieben: »Köpenicker Straße 94, Ecke Wassergasse 1. Stattlicher fünfgeschossiger Klinkerverblendbau von 1885, mit Putzgliederungen in reichen Neurenaissanceformen: gequaderte Wandstreifen und Fensterrahmungen aus Pilastern, Fruchtgehängen und Verdachungen. Die abgeschrägte Ecke und die Front zur Köpenicker Straße durch je einen dreigeschossigen Erker mit abschließendem Balkon betont. Das übergiebelte Portal an der Köpenicker Straße von Karyatidenpilastern flankiert. Im Hof dreiviertelrunder Treppenturm als Dienstbotenaufgang.«

Zum Verständnis sei hinzugefügt, dass Karyatiden altgriechische Tempelsäulen in Mädchengestalt sind, die man auf der nebenstehenden Abbildung gut erkennen kann. Dagegen war der Eingang Wassergasse 1 ziemlich schmucklos. Aber gerade dieser gab dem Fall den Namen.

Eingangstür Köpenicker Str. 94. Ansicht Mai 1977

Wir kennen also das Haus und die beiden Eingangstüren, zwischen denen sich einst das Postamt 14 befand. Nun zum Kriminalfall:

Es war in der Nacht vom 11. zum 12. Mai 1977, als ein junger Mann mit einem schwarzen Herrenfahrrad über einen Umweg zur Köpenicker Straße 94 in Berlin-Mitte fuhr. Unweit des Postamtes 14 warf er noch einen kurzen Blick auf sein Motorrad MZ 250, das er am Tage hinter einem Haus in der Neuen Jakobstraße abgestellt hatte. Er lehnte das Rad, das er Anfang 1977 in einem Dorf zwischen Genthin und Kirchmöser entwendet hatte, an die Wand des Hauses Köpenicker Straße 94. Dann betrat er den Hausflur. Die Eingangstür war nicht verschlossen. Es sah so aus, als käme ein Hausbewohner am frühen Morgen gegen 4 Uhr von einer Feier oder von seiner Nachtschicht nach Hause.

Über den Hof ging der Mann in den Hausflur der Wassergasse 1 und von dort aus in den Keller. Hier wartete er bei schlechter Beleuchtung eine ganze Weile. Er lauschte, ob sich jemand von den Hausbewohnern zur nachtschlafenden Zeit in den Keller begab. Schon einmal war er im Keller von einem Mann überrascht worden, als er vor einiger Zeit die Lage im Haus sondiert hatte, aber er hatte unerkannt flüchten können. Die Fluchtmöglichkeiten hatte er bereits ermittelt und auch die Räumlichkeiten unter die Lupe genommen, um einen geeigneten Ort zu finden, an dem man sich unbemerkt andere Kleidung anziehen konnte. Auch das Regime in der Post war studiert worden. Als Erstes kam immer die Reinigungskraft, dann der Postdirektor. Das war auch der Mann, der ihn aus dem Keller vertrieben hatte.

Der junge Mann war zufrieden mit sich und der Welt. Er hatte einen genauen Zeitplan einschließlich der Fluchtmöglichkeiten aufgestellt, in verschiedenen Städten der DDR Wolldecken und Geschirrtücher erworben und daraus Einkaufs- und Tragebeutel sowie Kapuzen gefertigt, die der eigenen Verkleidung dienen sowie seinen Opfern über den Kopf gezogen werden sollten. Er hatte in seine Lederhandschuhe blanke Kupferdrähte eingenäht, die er über ein Kabel mit Schalter, Motorradzündspule, Relais und Kondensator verbunden und an seinem Körper versteckt hatte. Durch Druck auf den Schalter würden die Kupferdrähte unter Strom gesetzt, womit er in der Lage wäre, anderen Menschen einen Stromschlag zu versetzen, um sie abwehren zu können. Den Autofeuerlöscher hatte er mit einem Druckschlauch und einer Sprühdose versehen, gefüllt mit Ammoniak. Und er wusste: Unter dem Druck eingepumpter Luft konnte er Ammoniak versprühen, vor allem, um die Spurenaufnahme durch Fährtenhunde zu verhindern.

Er blickte voller Zuversicht auf den Beutel, in dem sich alles befand, was er bald benötigen würde: Masken, Kapuzen, Perücke, Draht zum Fesseln, Luftdruckpistole, Sprühflasche, einen Beißschutz zur Abwehr von Diensthunden, die präparierten Handschuhe, drei verschiedene Garnituren von Oberbekleidung, an den Sohlen präparierte Schuhe, verschiedene Werkzeuge. Er hatte an alles gedacht, und er war schon jetzt sehr stolz auf seine Erfindungsgabe.

Schließlich setzte er sich eine Perücke auf, klebte sich einen Bart an, schob sich Schaumstoffstreifen und eine Plastekugel in den Mund sowie Ohropax in die Nasenlöcher, um seine Stimme zu verstellen. Schließlich wollte er eines schönen Tages nicht an seiner Stimme erkannt werden. Er zog sich weitere Bekleidungsstücke an und verband die präparierten Handschuhe mit der am Mantel befestigten elektrischen Apparatur. Und wartete.

Es war ein schöner Donnerstagmorgen, als Frau Hildegard Spielmann, 66 Jahre alt, Reinigungskraft im Postamt 14, am 12. Mai 1977 gegen 5.45 Uhr auf dem gegenüberliegenden VP-Revier die Schlüssel in Empfang nahm. Sie schloss die Hauseingangstür Wassergasse 1 auf; wie an jedem Tag lagen zwei Zeitungspakete vor dem Diensteingang zur Post. Sie hob die Pakete auf und betrat ihre Arbeitsstelle. Hildegard Spielmann war guter Dinge, am Wochenende wollten ihre Kinder und Enkelkinder sie besuchen, was selten vorkam und worüber sie sich jetzt schon sehr freute. Sie hatten sich eine Ewigkeit nicht gesehen.

Kaum hatte sie die Tür aufgeschlossen und den Raum betreten, war ihr so, als wenn jemand hinter ihr wäre. Sie drehte sich um und – bekam einen Schreck! Ein Mann stand vor ihr, den sie hier noch zuvor nie gesehen hatte. Er umfasste sie mit beiden Händen in der Halsgegend, drängte sie in den dunklen Postraum des zweiten Flurs, dessen Tür offen stand. Die Tür zum Tresorraum aber war eingeklinkt. Er hatte eine Pistole in der Hand – eine Luftdruckpistole, wie sich später herausstellen sollte – und forderte Hildegard Spielmann auf, ihm sofort den Tresorschlüssel auszuhändigen.

Nun gab es manchmal in der DDR wundersame Dinge, aber dass eine Reinigungskraft den Tresorschlüssel eines Postamtes oder einer Bank in Besitz hatte, das gab es wirklich nicht.

»Ich habe keinen Schlüssel«, stammelte Hildegard Spielmann, völlig überrascht und nervös, denn ähnlich bedrohliche Situationen hatte sie in den schlimmen Kriegszeiten erlebt, aber nicht in der heilen Welt der DDR. Sie konnte die Situation überhaupt nicht einschätzen, auch nicht die Gefahren, die vielleicht für sie entstehen könnten.

»Der Leiter des Postamtes, der hat einen Schlüssel.« Und wie zu ihrer eigenen seelischen Befreiung fügte sie hinzu: »Der muss bald kommen.«

»Nun gut«, schnauzte sie der Unbekannte an, »ab jetzt sagen Sie keinen Ton mehr, sonst schieße ich. Klar?«

»Das geht doch nicht, ich muss hier arbeiten, Sie!«

Der unbekannte Mann packte sie, fesselte sie an Händen und Füßen mit einem mitgebrachten Draht und zog ihr unsanft eine Kapuze über den Kopf. Dann warteten sie auf den Postamtsdirektor. Der Mann maskierte sich nun ebenfalls mit einer Kapuze, begab sich in den Schalterraum und zog die Fensterläden hoch, um keinen Verdacht zu erregen. Er erkundete noch die Alarmanlage, konnte aber feststellen, dass sie außer Betrieb war. Im Briefabfertigungsraum legte er am ersten Schalter ein Schriftstück ab.

Als dies alles getan war, wartete er weiter. Es klingelte gegen 6.15 Uhr am Diensteingang, er öffnete blitzschnell die Tür, zog den soeben eingetroffenen Postamtsdirektor in die Diensträume, stieß ihn in eine Ecke und schüchterte ihn durch Faustschläge und Androhen weiterer Repressalien ein. Der Unbekannte verlangte unverzüglich den Tresorschlüssel.

Der Dienststellenleiter Uwe Graul, 50 Jahre alt, ein ehemaliger aktiver Judoka, war wie Hildegard Spielmann völlig überrascht und hatte die große Befürchtung, dass sich noch andere Verbrecher in der Post befinden und ein Blutbad anrichten könnten. Der Räuber zerrte Uwe Graul zum Tresor. Erst jetzt sah der Postamtsdirektor, dass Hildegard Spielmann mit einer Kapuze über dem Kopf und gefesselt in der Ecke hinter der Tür des Tresorraums am Boden lag. Da er weitere körperliche Übergriffe befürchtete, schloss er den Tresor auf und nahm 69.820,72 Mark der DDR in Scheinen und in Hartgeld heraus, also das gesamte vorrätige Geld. Der Unbekannte forderte Uwe

Graul auf, das Geld in einen Sack zu stecken, was dieser auch ohne Widerstand tat. Daraufhin verließ der Räuber fluchtartig das Postamt; der geschockte Dienststellenleiter unternahm nicht einmal den Versuch, ihm zu folgen.

Als er gerade Hildegard Spielmann aus ihrer misslichen Situation befreien wollte, trafen zwei weitere Mitarbeiter ein. Voller Entsetzen begriffen sie, was vorgefallen sein musste. Nein, eine flüchtende Person hatten sie nicht bemerkt ...

Gegen 6.20 Uhr öffnete sich die Hauseingangstür Köpenicker Straße 94, ein junger Mann trat heraus, schwang sich ohne Eile auf sein Fahrrad und fuhr zur Neuen Jakobstraße, wo sein Motorrad stand. Mit diesem fuhr er in die Ohmstraße, nur 300 Meter von der Wassergasse entfernt. Hier stellte er das Motorrad ab und wechselte seine Kleidung. Er begab sich zu Fuß zu seiner Arbeitsstelle in der Wallstraße. Dabei kam er am Postamt 14 vorbei, konnte aber nichts Auffälliges beobachten.

Das erbeutete Geld und die noch mitgeführten »Arbeitsgegenstände« ließ er erst in seinem Arbeitszimmer liegen, in der Mittagspause suchte er seine Wohnung auf. Dort entfernte er die Banderolen von den Geldscheinbündeln und verpackte die Scheine in Strümpfen. Diese versteckte er in einem Schutzkasten für Stromleitungen im Hausflur Brückenstraße 1A, nur 200 Meter von der Wassergasse entfernt, ebenfalls im Stadtbezirk Berlin-Mitte. Er kannte dort die Örtlichkeiten, weil unten links im Haus eine sächsische Firma (PKM Anlagenbau Leipzig, Betrieb Berlin) ihr Büro hatte, mit der er vermutlich zusammenarbeitete. Auf der rechten Seite war eine

Versteck der geraubten Banknoten in einem Schutzkasten für Stromleitungen in der Brückenstraße 1A in Berlin-Mitte (1979)

Versteck des Hartgeldes in der Zwischendecke der öffentlichen Bedürfnisanstalt am Comeniusplatz in Friedrichshain (1979). *Nahaufnahme*

Postausgabestelle und befindet sich auch heute noch einen Postdienstleister.

Als die Banknoten in Sicherheit waren, fuhr er zu einer öffentlichen Toilette am Comeniusplatz im Stadtteil Friedrichshain, wo er das Hartgeld in der Zwischendecke versteckte. Es war eben auch jetzt an alles gedacht. Zufrieden mit sich selbst hatte er eine gute Nacht.

So hätte ein Kriminalschriftsteller einen mehr oder weniger ausgedachten Fall aufgeschrieben, und wir wollen ergründen, ob sich wirklich alles so ereignet hat. Doch erst einmal war eine ganz unspektakuläre kriminalistische Arbeit in diesem spektakulären Fall zu tätigen.

Die Anzeige wurde bei der zuständigen Kriminalpolizei der VPI Mitte erstattet, die noch am selben Tag die Einleitung eines Ermittlungsverfahrens gegen unbekannt verfügte:

Am Donnerstag, dem 12. Mai 1977, in der Zeit von 05.45 bis 06.15 Uhr, überfiel ein unbekannter männlicher Täter im Postamt 14, in 104 Berlin, Wassergasse 1, die Reinigungskraft, nachdem sie die hintere Eingangstür aufgeschlossen hatte. Er stülpte ihr einen Sack über den Kopf und fesselte sie an Händen und Füßen.

Gegen 06.15 Uhr erschien der Leiter des Postamtes 14. Der nunmehr maskierte Täter forderte unter Androhung von Gewalt das Aufschließen des Tresores, aus dem ein Geldbetrag in Höhe von ca. 50.000,-- M entwendet wurde.

Geschädigt: Deutsche Post

Verletzte Rechtsgrundlage: §§ 126 (1), 128 (1) Ziff.1 StGB

Es war also eine Raubstraftat (§ 126 StGB) im schweren Fall (§ 128), denn der Absatz bestimmte in Ziffer 1, dass dieser vorliegt, wenn die Tat unter Verwendung von Waffen oder anderen Gegenständen, die als Waffe benutzt werden, begangen wird. Es waren bis zu zehn Jahren Freiheitsstrafe angedroht.

50.000 Mark der DDR war übrigens eine erste Schätzung der Schadenssumme, die, wie sich später herausstellen sollte, aber deutlich höher war, nämlich 69.820,72 Mark.

Eine ganze Armada von Kriminalisten strömte schon um 6.45 Uhr in die Wassergasse 1 und in die Köpenicker Straße 94, um den Tatort zu besichtigen und zu untersuchen. Zunächst waren die Kriminaltechniker im Einsatz, die in Verantwortung der Diensthabenden Gruppe der Kriminalpolizei/KT, namentlich von Oberleutnant der K Thomas Wiske, akribisch arbeiteten.

Die Kriminalisten machten erstaunliche Entdeckungen und fotografierten alles fachlich perfekt und lehrbuchreif. Sie machten Orientierungs-, Übersichts-, Teilübersichts- und Detailaufnahmen von Spuren und Relikten. Relikte sind Gegenstände, die der Täter am Tatort zurückgelassen hat. Davon wurden hier zahlreiche gefunden, einige davon wurden auf einem Fahndungsblatt der Öffentlichkeit gezeigt.

Die Fragen auf der Rückseite des Blattes waren: *Wer kennt diese Gegenstände? Wer kennt Personen, die diese Gegenstände in Besitz hatten? Werden diese Gegenstände vermisst?* Es wurde auch darauf hingewiesen, dass der am Henkel des Einkaufsbeutels angebrachte Karabinerhaken für Hundeleinen zur Verdeutlichung vergrößert und ne-

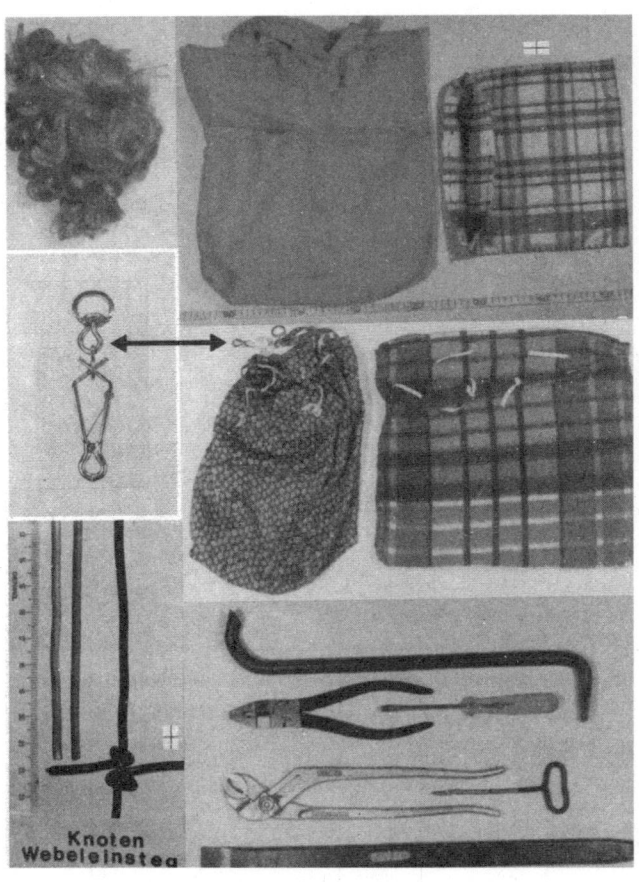

Vom Täter hinterlassene Gegenstände. *Fahndungsblatt*

ben dem Einkaufsbeutel abgebildet wurde. Wichtig für die Fahndung war der folgende Hinweis: *Am Tatort wurden mehrere circa 0,75 m bis 1 m lange, verschiedenfarbig isolierte, 1,8 mm starke Aluminiumkabeladern sichergestellt.*

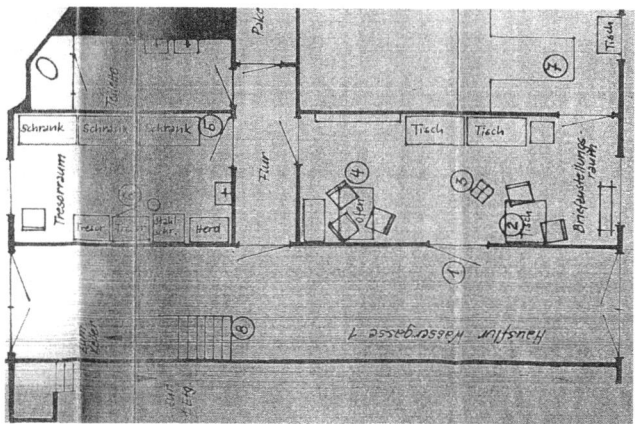

Tatortskizze

Zwei dieser Kabelstücke waren mit einem Seemannsknoten (Webeleinstek) verbunden.

War dieser Seemannsknoten eine wichtige Spur zum Täter? War es etwa ein Seemann oder ein Angehöriger der maritimen Sparte der Gesellschaft für Sport und Technik (GST), der das Postamt überfallen hatte? Auf jeden Fall musste man diesen Hinweis stets im Auge behalten.

Die Tatortskizze gibt einen guten Überblick über die örtlichen Verhältnisse.

Zum Tresorraum, der auch als Küche genutzt wurde, ist in der Bildmappe, gefertigt von Oberleutnant der K Wiske und Unterleutnant der K Hasdorf, angemerkt: *Die Aufnahme zeigt den Tresorraum (Küche) mit den auf der linken Seite stehenden 2 Panzerschränken, wovon der vordere auf Forderung des Täters durch den Leiter des Postamtes nach dessen Eintreffen geöffnet wurde. Dieser*

Tresorraum und Küche. *Tatortfotografie*

Panzerschrank enthält 3 Wertgelasse. Vor den beiden Panzerschränken steht ein Wertgelassschrank mit 7 Fächern.

Hinter der im linken Bild sichtbaren Tür lag die vom Täter mit Draht an Händen und Füßen gefesselte Reinigungskraft.

Maske des Täters auf der obersten Stufe der Kellertreppe Wassergasse 1

Blick vom Keller auf die Kellertreppe, zu erkennen Plastikbüchse und Deckel mit Pfefferresten

Auf der obersten Stufe der Kellertreppe im Haus Wassergasse 1 fanden die Kriminalisten die Maske des Täters. Am unteren Ende der Treppe lagen eine Plastikbüchse und ein Deckel mit Pfefferresten. Im hinteren Teil des Kellerganges fand man schließlich die vom Täter benutzte blondgelockte Perücke.

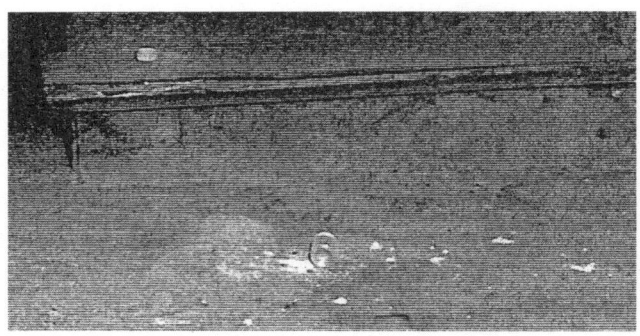

Blick vom Keller auf die Treppe, zu erkennen Plastikbüchse und Deckel mit Pfefferresten. *Nahaufnahme*

Eine vom Täter benutzte blondgelockte Perücke im hinteren Teil des Kellerganges

Was der Täter am ersten Schalter abgelegt hatte, während er auf den Postamtsdirektor gewartet hatte, wurde ebenfalls schnell gefunden: ein Brief an die »Abteilung Kriminalpolizei. Einsatzgruppe«.

In der Umschrift heißt es darin (Fehler sind vom Schreiber bewusst gemacht worden):

Werte Kriminalpolizei!

Heute findet hir ein Husarenstück ziehmlicher Stärke statt, niemandem wird etwas zu leide getan. Es geht lediglich eine gewisse Summe in meine Hand über. Warum. Die Menschen sind teilweise sehr unvernünftig. Sie sind in der Lage satt und zufrieden zu leben, gute Wohnung, Auto, Datsche usw zu haben Ohne sich daran zu stören, dass in jeder Stunde viele Menschen auf der Erde den Hungertod sterben. Nicht genug damit! Sie vergeuden sinnlos riesige Summen, so die Silvesterkacherei, Fehlinvestitionen, riesiger Arbeitsausfall wegen ungünstiger Besuchszeiten von Persönlichkeiten usw. Allein die Mittel in Nahrungsgüter umgwandelt. Die Silvester in die Luft gejagt werden, könnten über 10 000 Menschen ein Jahr sattmachen. Es gibt da dutzende von Beispielen. So – ich bin da so unvernünftig, dass ich mir eine gewisse Summe aneigne und nach und nach auf dass Solidaritäskonto überweisen werde. Die Belege hebe ich mir auf.

Ich habe nun zwei Bitten.

Erstens bitte ich das dafür zuständige Gremium zu entscheiden. Da ich das Geld der Post zurückschieben soll oder meinen Plan verwirklichen soll. Ich binn sehr gespannt, wie die Herren, denen es sicher recht gut geht, entscheiden werden. Der Gewaltackt kann ja nicht mehr rückgängig ge-

macht werden. Ausserdem währe es schade, den Aufwand für das perfekte Gelingen der Geschichte geleistet zu haben.

Ich bin felsenfest davon überzeugt, das ich keinen Fehler gemacht habe und mich gegen jede Möglichkeit der Entdeckung genügend abgesichert habe. Sicher bin ich in der Art wie ich meine Anschauungen umsetze, nicht ganz normal. Aber was ist normaler, verhungern lassen oder meine Tat? Ich möchte mich auch bei den Postlern für den Schreck entschuldigen, den ich ihnen eingejagt habe.

Meine zweite Bitte ist, mir mitzuteilen, wann meine Tat verjährt ist.

Beide Angaben am dreiundzwanzigsten Fünften in der BZ Am Abend letzte Spalte der letzten Seite: z. B.

»*So idarität, ja, 10 J.*«
Hochachtungsvoll
G. V.

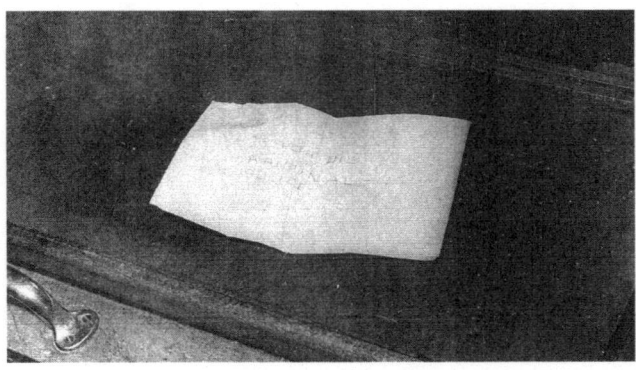

Brief an die Kriminalpolizei, abgelegt am ersten Schalter des Briefabfertigungsraumes

Erste Seite des Briefes an die Kriminalpolizei

Es ist klar, dass dieser Brief nicht nur ein enorm wichtiges Beweismittel war, sondern auch zum Täter hätte führen können, wenn bestimmte individuelle Merkmale vorhanden gewesen wären und diese Schrift bereits in der Schriftsammlung der Kriminaltechnik vorgelegen hätte. Daher wurde der Brief sofort der Kriminaltechnik übergeben. Das Ergebnis war allerdings ernüchternd. Hauptmann der K Salomon, der Sachverständige für Schriftuntersuchungen im PdVP Berlin, Abteilung K, Dezernat IV (Kriminaltechnik), formulierte das in seinem Auswertungsbericht vom 12. Mai 1977 (!) so:

Die Schrift wurde mittels violetten Farbpapiers im Durchschreibeverfahren hergestellt. Es handelt sich um eine in stilisierten Druckschrift-Großbuchstaben erzeugte Schrift, die auch als »Streichholzschrift« bezeichnet wird. Die Schrift wurde mehr gezeichnet, sie bringt nicht die automatisiert ausgeführten Schreibbewegungen des Verursachers zum Ausdruck, die Voraussetzung zur Herausbildung der individuellen Schreibbewegungsgewohnheiten des Schreibers sind. Die umstrittene Schrift ist deshalb zur Identifizierung des Schrifturhebers ungeeignet.

In der Schriftsammlung des Dezernat IV liegen bisher keine Schriften ein, die in der gleichen Art erzeugt wurden.

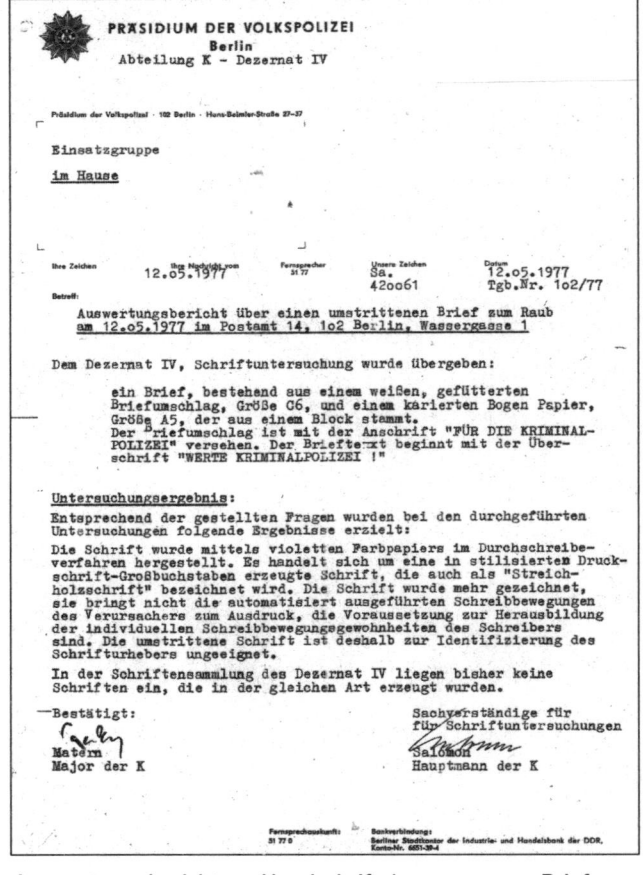

Auswertungsbericht zur Handschrift des anonymen Briefes

Die Geschädigten wurden selbstverständlich medizinisch versorgt, die Wunden fotografisch dokumentiert. Hildegard Spielmann hatte Verletzungen an der Außenseite der Finger der linken Hand, an der Innenseite des rechten Armes eine Risswunde und Abdrücke des Drahtes, mit dem sie vom Täter gefesselt worden war.

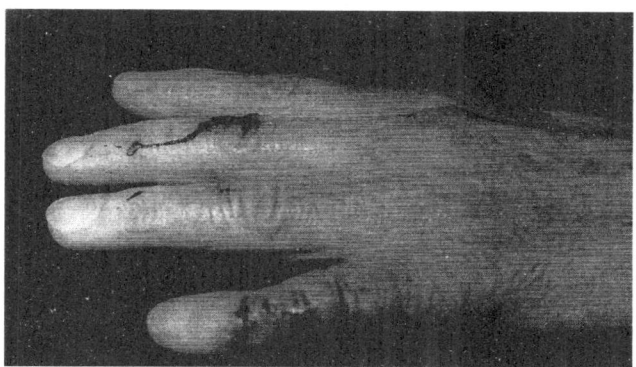

Verletzungen des Geschädigten an der Außenseite der Finger der linken Hand

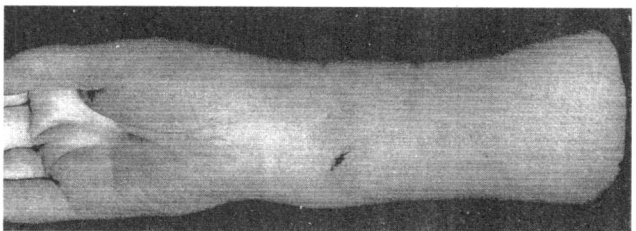

Verletzungen der Geschädigten am rechten Arm

Die beiden Opfer wurden noch am Tattag als Zeugen gehört und ihre Aussagen zu Protokoll genommen. An-

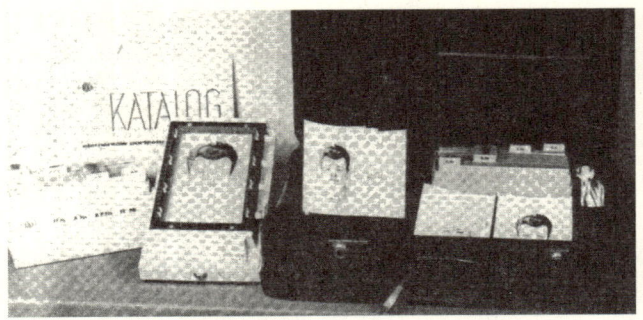

IRK II aus der Volksrepublik Polen

schließend gingen die Befragungen weiter, denn es musste noch ein Phantombild, in der DDR Identi-Kit-Bild genannt, erarbeitet werden.

Die zeichnerisch begabten Kriminalisten hatten einen großen schwarzen Koffer mit vielen Folien, der aus polnischer Produktion stammte und IRK II hieß. Es war ein Zeichnungs-Kompositions-Gerät, das aus einer Montagevorrichtung, einem Katalog mit Merkmalskomplexen und zwei Folienkästen bestand. Darin waren insgesamt 1121 Folien enthalten, die verschiedene Merkmalskomplexe umfassten. 336 Frisurformen und obere Kopfkonturen, 52 Wangen- und Kinnkonturen, 108 Augenbrauen, 256 Augen usw. Auch Kopfbedeckungen, Brillen, Oberlippen- und Kinnbärte, Falten und Halskonturen waren abgebildet.

Mittels einer psychologisch fundierten Befragung nach den Merkmalen des Gesichtes und Kopfes entstand durch das Übereinanderlegen der Folien Schritt für Schritt ein Montagebild, von dem am Ende die Zeugin oder der

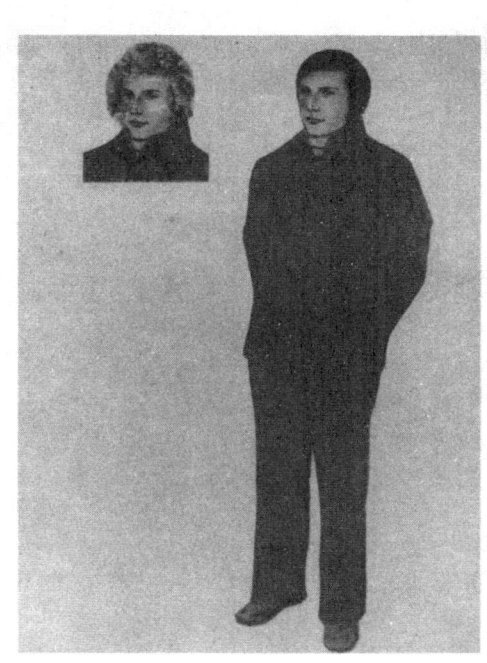

Ergänzung zur Fahndungsinformation 3741
1. Subjektives Porträt vom unbekannten Täter ohne und mit Perücke
2. Personenbeschreibung:
   20–25 Jahre alt, 175–180 cm groß, vermutlich dunkelbraunes Haar bis in den Nacken reichend, untersetzte Gestalt
3. Bekleidung:
   blauer Levisanzug

Nur als Fahndungsmittel für die Deutsche Volkspolizei

Identi-Kit-Bild

Zeuge sagte: »Ja, so hat die Täterin oder der Täter ausgesehen!«

Dann konnte das mit den Folien gefertigte Identi-Kit-Bild noch zeichnerisch ergänzt werden.

Auch beim Postraub in der Wassergasse wurde dieses Verfahren angewandt. Die beiden Zeugen hatten aber den Täter jeweils nur kurz gesehen, dazu noch verkleidet und mit Perücke, so dass das Ergebnis nicht befriedigend ausfiel. Wir können an dieser Stelle schon verraten, dass die Kriminalisten mit den Phantombildern in diesem Fall keinen Schritt weiterkamen.

Leutnant der K Krüger der KT der VPI Mitte sicherte mit Oberleutnant der K Wiske bis 13.30 Uhr das umfangreiche Spurenmaterial. Dieses wurde im Protokoll über die kriminaltechnische Tatortarbeit (KP 11 e) aufgelistet. Darunter befanden sich Geruchsspuren vom Brief, von der Maske, aus dem Haarteil, von der blauen Socke des Täters sowie von einer Standkonserve vor dem Panzerschrank; ein Pfefferbehälter, vier selbstgefertigte Deckenbeutel, eine Perücke, eine selbstgefertigte Stoffmaske, ein geblümter und ein orangefarbener Stoffbeutel, eine Bartimitation; drei Geruchsspuren, gesichert einen Tag später im Keller des Postamtes. Und ganz zum Schluss sind ein Taschentuch und ein Teil einer langen Unterhose angeführt, die im Keller vorsorglich gesichert wurden, bei denen aber nicht feststand, ob sie tatrelevant waren.

Von Mantel und Rock von Hildegard Spielmann sowie vom Mantel des Dienststellenleiters wurden Vergleichsspuren genommen. Von beiden Geschädigten nahm man ebenso Geruchskonserven mit einer Einwirkzeit von 45 Minuten.

Lfd. Nr.:	Art der Spur:	wo, wie (womit) gesichert:
1. Spur 1:	Daktyspur	Von der linken Kellertür Außenseite mit Rußpulver und trasp. Folie gesichert.
2. " 2:	"	Von der Kellertür rechte Seite, Außenseite mit Rußpulver und transp. Folie gesichert
3. " 3:	Brief	In Silberfolie gesichert.
4. " 4:	Faserspur	Aus der Wunde des Poststellenleiters auf Objektträger gesichert.
5. Spur 5 u. 6:	"	Vom Mantel der Geschädigten vorn mit Prenaband auf Objektträger gesichert.
7. Spur 7:	"	Vom Ärmel des Mantels der Geschädigten mit Prenaband auf Objektträger gesichert.
8. Spur 8:	"	Vom Rock der Geschädigten gesichert.
9. Spur 9 bis 11:	"	Vom Mantel des Geschädigten (Ärmelpartie) gesichert.
10 Spur 12 bis 14:	"	Von der Brustpartie des Mantels des Geschädigten gesichert.
11 Spur 15:	"	Aus der Perücke abgezogen
12 Spur 16:	"	Aus der Maske abgezogen
13 Spur 17:	Haare	Aus der Innenseite der Perücke gesichert
14 Spur 18	Blut	Von der Türklinke der Eingangstür, Innenseite zur Post gesichert
15 Spur 19	Werkzeug	Vom Täter in der Post zurückgelassen
16 Spur 20	Draht	Vom Täter in der Post zurückgelassen
17 Spur 21	Schuhabdruck	Gesichert mit schwarzer Folie im Päckchenabfertigungsraum.

Spuren vom Tatort KP 11 e

Es wurden Vergleichsfingerabdrücke von zwei Tatverdächtigen genommen, jedoch ist heute nicht mehr nachvollziehbar, wie diese Personen aus Falkensee und aus Berlin-Mitte ins Visier der Ermittler kamen. Jedenfalls führten diese Ermittlungen ins Nichts.

Die Kriminaltechniker stellten fest, dass die Türschlösser zur Post und zu den einzelnen Kellerräumen nicht mit einem schlossfremden Werkzeug geöffnet worden waren. Das heißt, dass sich der Täter vor seinem Angriff im Keller oder Flur befunden haben musste. Dies wiederum formulierte zahlreiche neue Fragen an die Experten. Sie untersuchten und handelten schnell.

Am Tattag wurde Hauptmann der K Buhl von Dezernat IV im PdVP nach dem Wert der gesicherten Spuren befragt. Die Trennstellen an den plastummantelten Aluminiumdrähten waren wahrscheinlich mit einem Messer verursacht worden, nicht mit einem zweiseitig schneidenden Werkzeug. Die Spur 21, ein Schuhabdruck, war dagegen so fragmentarisch, dass schon vermerkt werden konnte: »Die Spur ist aufgrund ihrer ungenügenden Qualität nicht für die Identifizierung der verursachenden Laufsohle geeignet.«

Kriminal-Obermeister Butze, Diensthundeführer (DHF) der Kriminalpolizei der VPI Treptow, nahm die Geruchsdifferenzierung vor und berichtete über deren Ergebnisse am 18. Mai 1977. Danach konnte bei einem Geruchsspurenvergleich, ausgehend von der Spur 25 (Socken), eine Übereinstimmung erzielt werden, und zwar in nachstehender Reihenfolge: Maske (Spur 23), Haarteil (Spur 24), Brief (Spur 21 – eine doppelte Nummerierung, denn Spur 21 war ja schon der Schuhabdruck), Brief (Spur 22) und Standkonserven vor dem Panzerschrank (Spur 26); davon wurden von den sechs gesicherten nur drei durch den Hund verwiesen.

Durch Butzes Anlageskizze erhalten wir Kenntnis darüber, wie es in diesem Tresorraum zum Zeitpunkt der Tat ausgesehen hatte.

In einer Konsum-Verkaufsstelle in 1035 Berlin, Frankfurter Allee, wurden im Juni 1977 verdächtige Geldscheine in Zahlung gegeben, die möglicherweise aus dem Postraub stammten. Eine Geruchsübereinstimmung erzielte man aber nicht.

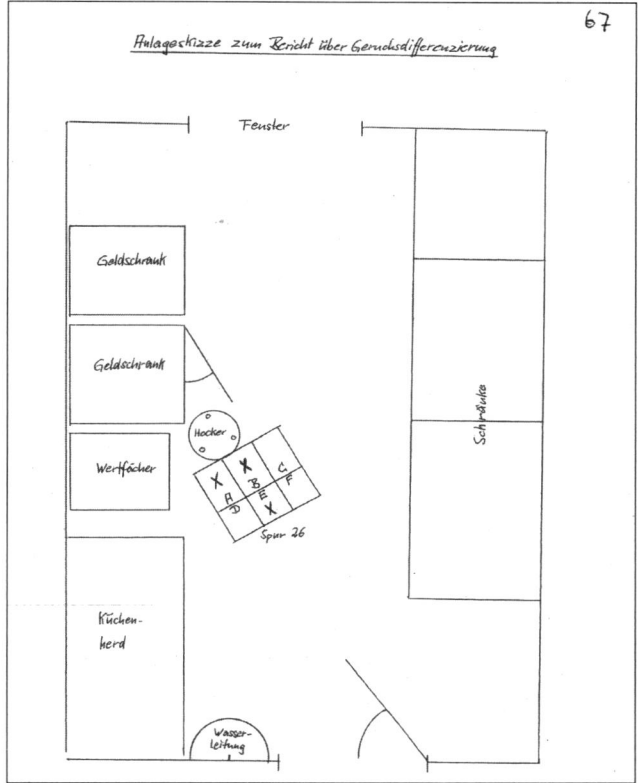

Anlageskizze zum Bericht über Geruchsdifferenzierung

Untersuchungen zum Vorgang »Schwerer Raub. Tgb.-Nr. 187/77 DHG/KT« nahmen auch die Experten vom Kriminalistischen Institut der Deutschen Volkspolizei vor. In ihrem Bericht vom 15. Juli 1977 äußerten sich Hauptmann der K Diedering, Sachverständiger für Gerichtsbiologe, und Hauptmann der K Diplommineraloge

Adam, Sachverständiger für Gerichtschemie, zu den biologischen und chemischen Analysen. Bestätigt wurde der Bericht von Oberleutnant der K Michael Munschke, auch ein anerkannter Gerichtsbiologe.

Die Ergebnisse waren aber eher bescheiden. An der Perücke (Spur 30), die wahrscheinlich ein DDR-Produkt war, wie ein Maskenbilder der Komischen Oper Berlin mitteilte, fanden sie ein Kopfhaar (15 mm lang, blond, von einem Mann) und Spuren von Schuppen. Weitere Aussagen waren aufgrund der geringen Spurenmenge nicht möglich. An der Maske (Spur 31) wurden drei Tierhaare entdeckt, eines von einem Kaninchen, eines wahrscheinlich ein Hundehaar und das dritte konnte nicht bestimmt werden. An der Bartimitation (Spur 34) konnten keine Sekrete nachgewiesen werden. An einem Deckenbeutel (aus Decken genähter Beutel) befand sich eine Speichelspur, die von einem Sekretor stammte, also von einem Menschen, bei dem sich Blutgruppenmerkmale auch in Sekreten (wie Speichel und Urin) finden lassen (80 Prozent aller Personen). Hier konnte gar die Blutgruppe 0(H) festgestellt werden. Nach dem Auftrennen der insgesamt vier Deckenbeutel fanden die Experten geringe Mengen Kiefernholzspäne, wahrscheinlich Hobelspäne.

Auch eine Leimtube der Marke Duosan rapid, des Standardklebers in der DDR, spielte in dem Fall noch eine Rolle. Erst später wurden die Postangestellten auf sie aufmerksam; sie wurde dann als Spur 37 in das Sicherungsprotokoll aufgenommen. Die Tube fand man im Aufenthaltsraum der Post auf der Sitzfläche des hinteren Stuhls, und die Mitarbeiter der Post waren sich sicher, dass sie vom Täter stammen musste. Sie hatten am 11. Mai 1977 das letzte Mal dort am Tisch gesessen, und sie hätten demzufolge auf der Leimtube sitzen müssen. Zudem wurden Kleber dieser Art gar nicht in der Post verwendet, sondern nur wasserlösliche.

Aber halfen all diese Aussagen den Ermittlern weiter? Wir werden es erfahren.

Hildegard Spielmann fürchtete sich seit dem Raubüberfall sehr und sah in dem dunklen Hausflur der Wassergasse 1 überall Gespenster, die in den Schatten lauerten. Aber es kam noch schlimmer. Auf sie, die einfache Reinigungskraft, wartete am 24. Mai 1977 noch eine Prüfung. Die renommierten Wissenschaftler Prof. Dr. jur. Axel Römer und Dipl.-Psych. Lutz Belitz von der Sektion Kriminalistik der Humboldt-Universität zu Berlin, Arbeitsgruppe Kriminalistische Psychologe, wollten sich mit ihr noch einmal in den Räumen des Postamtes 14 unterhalten. Die untersuchenden Kriminalisten wollten wissen, wie die Bekundungen der Zeugin unter aussage- und vernehmungspsychologischen Kriterien zu bewerten waren.

Wie dem Protokoll zu entnehmen ist, war sie sehr ungehalten wegen der nochmaligen Befragung. Die Experten stellten aber fest: *Gewissermaßen als Richtwert zur Bewertung ihrer Aussagen ist festzuhalten, dass alles, was unmittelbar mit ihrer Person in Beziehung steht und von ihr als wahrgenommen identifiziert werden kann, mit hoher Wahrscheinlichkeit glaubhaft ist ... Insgesamt ist bei ihren Aussagen zu berücksichtigen, dass die Erinnerungsfähigkeit der Zeugin durch die mit den Tatvorgängen verbundenen*

Schockwirkungen beeinträchtigt ist. Dies macht sich besonders in der ersten Vernehmung am Tattage bemerkbar, in Verbindung mit der besonderen Persönlichkeitsstruktur erklären sich auch die z. T abweichenden Angaben in dieser Vernehmung.

In einem Punkt aber machten die Fachleute eine klare Aussage: *Es kann als gesichert angesehen werden, dass der Täter erst nach der Zeugin Spielmann das Postamt betreten hat.* Aber wo kam er so plötzlich her?

Auch der Dienststellenleiter wurde am selben Tage zur Exploration gebeten. Da kamen jetzt ein paar unbequeme Wahrheiten ans Licht. Wie Uwe Graul zugab, war er im Umgang mit dem Täter in eine Art Kumpelrolle, eine Quasi-Sympathie-Beziehung geschlüpft, um direkten körperlichen Folgen zu entgehen und seine Haut zu retten. Dies zeigte sich daran, dass er den Täter sofort duzte: »Lass mich los! Du wirst dich doch nicht an einem alten Mann vergreifen. Mach dich nicht unglücklich, Junge!«

Die Gutachter schrieben in diesem Zusammenhang: »Am prägnantesten bringt die Aufforderung Grauls an den Täter nach vollendeter Übergabe des Geldes die Spezifik der Sozialbeziehungen zum Ausdruck: ›Mensch, nu hau ab, jetzt kommt gleich der nächste Kollege!‹«

Dipl.-Psych. Lutz Belitz schrieb noch an diesem 24. Mai 1977 eine *Psychologische Version zur Täterpersönlichkeit eines unbekannten Täters: Es könnte sich um einen intelligenten, aber neurotisierten jüngeren Mann handeln, der bereits mehrfach Anlauf zu einer »Höherentwicklung« (Qualifikation) genommen hat, stets wieder gescheitert ist und auch keine wesentlichen Chancen mehr sieht, seine hochgesteckten Ziele zu erreichen.* Nach Angaben des Experten stellen sich derartige Krisen im leistungs- und sozialabhängigen Selbstwertgefühl im Alter von circa 25 bis 30 Jahren ein, was ja ein wichtiger Hinweis für die weitere Täterermittlung war.

Das gestohlene Geld musste irgendwie wieder auftauchen und in den sozialistischen Wirtschaftskreislauf gebracht werden. Als fast alle Wege, die zum Posträuber hätten führen können, gegangen waren, versuchten die Kriminalisten, verdächtige, im Umlauf befindliche Geldscheine zu ermitteln und vor allen Dingen auch zu verorten, denn wenn nur in einem Stadtbezirk Berlins oder in einem anderen Gebiet der DDR diese Scheine auftauchten, könnte der Täter dort beheimatet sein.

Das Postamt Grünau, Wassersportallee, reagierte. Seit sieben bis acht Wochen würden dort angeschmutzte Geldscheine vom Postamt in Altglienicke abgerechnet. Sie stammten alle von der Konsum-Verkaufsstelle Fleischwaren in der Grünauer Straße 1. Die 50- und 100-Markscheine wurden dem Kriminalistischen Institut der DVP am 19. August 1977 übergeben.

Im Auswertungsbericht vom 12. September 1977, unterzeichnet von Oberleutnant der K Diplombiologe Munschke, lesen wir, dass die 22 Geldscheine mehrere gelbe bis gelbbraune und gelbgrüne Substanzanhaftungen aufwiesen, die mikrobiellen Ursprungs waren. Die Geldscheine mussten mit Wasser in Berührung gekommen sein, auch hohe Luftfeuchtigkeit oder Schwitzwasser wären eine Erklärung. Die Scheine waren ungefähr drei bis vier Wochen so gelagert worden. Weitere Aussagen waren allerdings nicht möglich. Danach wurden dem KI auch noch andere verschmutzte Banknoten übergeben, an denen Oberleutnant der K Munschke nichts Verdächtiges feststellen konnte. Es gab Rostflecken, durch Büroklammern verursacht, und eine geringe Ablagerung von Bohnerwachs oder Schuhcreme sowie erneut Substanzanhaftungen mikrobiellen Ursprungs.

So gingen die Tage ins Land, ohne dass die Berliner Kriminalisten im Wassergassenfall auch nur ein ganz kleines Stück vorangekommen wären. Sie fragten sich schon, ob hier ein perfektes Verbrechen verübt worden sei oder sie an irgendeiner Stelle einen ganz entscheidenden Fehler gemacht hätten. Aber welchen? Der Seemannsknoten, der Webeleinstek, war so eine Spur, die sie verfolgten, denn wer konnte in der DDR schon einen solchen Knoten? Einige Verdächtige, die ihn bei der Volksmarine oder der GST gelernt hatten, waren überprüft worden. Es schien am Anfang der Untersuchung sogar so, dass die Kriminalisten glaubten, durch ihn relativ schnell zum Täter zu gelangen. Aber dem war nicht so, wie wir jetzt wissen.

»In der Kunst der Aufklärung ist es von höchster Wichtigkeit, die Zufälle von den wesentlichen Fakten zu trennen. Sonst wird Ihre Kraft und Aufmerksamkeit verzettelt statt konzentriert«, sagte der geniale Sherlock Holmes in der Erzählung *Die Squires von Reigate* zu seinen Gesprächspartnern in einer gemütlichen Abschlussrunde, die die Aufklärung eines Mordes zum Inhalt hatte.

Aufnahme des Eilzustellungsraumes, rechts die unverschlossene Tür

Verstanden es die Ermittler der Berliner Kriminalpolizei nicht, Zufälle vom Wesentlichen zu trennen?

Wir schreiben nun Montag, den 30. Oktober 1978. Wir befinden uns an einem anderen Ort in der Republik, nämlich in der Eilzustellung im Hauptpostamt Gera. Gegen 17.45 Uhr drang ein Mann über eine unverschlossene Tür dort ein und begab sich hinter die Barriere des Schalterraumes. Aus dem offen stehenden Safe nahm er ein Wertpäckchen und steckte es in einen mitgebrachten Beutel. Eine Mitarbeiterin wollte den Mann zur Rede stellen, kam aber nicht dazu, da er energisch und drohend die Hand hob. Fluchtartig verließ er dann den Schalterraum.

Als die Geschädigte um Hilfe rief, kamen aus dem Packraum zwei Arbeitskollegen herbei, die den Mann

Schreibtisch im Eilzustellungsraum, links der Tresor

bis auf den Hof des Hauptpostamtes verfolgten. Der versuchte nun, mit einem auf dem Hof abgestellten Motorrad zu flüchten, konnte aber durch die Postangestellten daran gehindert werden. Der Räuber riss sich los, das

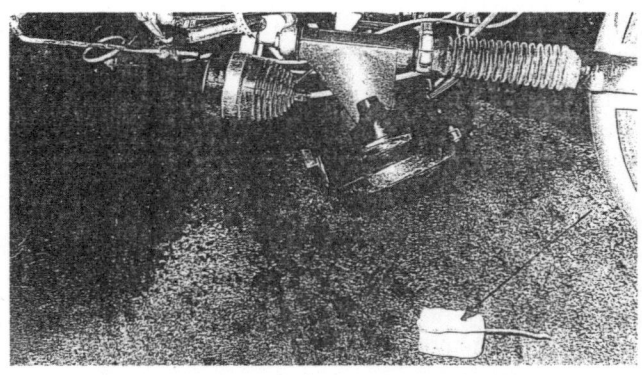

Die Pfefferstreudose neben dem umgestürzten Krad auf dem Hof des Hauptpostamtes

Krad stürzte um. Dem Postmitarbeiter Gerhard Meißner streute der Flüchtende Pfeffer ins Gesicht. Dabei fiel auch die Pfefferstreudose zu Boden. Auf seiner Flucht ließ der Räuber noch auf dem Posthof seinen Stoffbeutel mit dem Wertpäckchen fallen. Er rannte über die Clara-Zetkin-Straße, John-Schehr-Straße, Amthorstraße in Richtung Otto-Nuschke-Straße und konnte entkommen.

Im Leninpark an der Otto-Nuschke-Straße schmiss der Räuber seinen Sturzhelm mit Kradbrille und seinen Anorak weg, weil sie ihn bei der weiteren Flucht behindert hätten. Später warf er in der Goethestraße noch seine Lederhandschuhe über einen Gartenzaun. Natürlich suchten und fanden die Geraer Kriminalisten alles.

Auch der genaue Inhalt des Stoffbeutels war von kriminalistischem Interesse. Darin befanden sich neben dem Wertpäckchen ein blauer Schal und ein zweiter Stoffbeutel mit folgendem Inhalt: einer Schnur, einem Heftpflas-

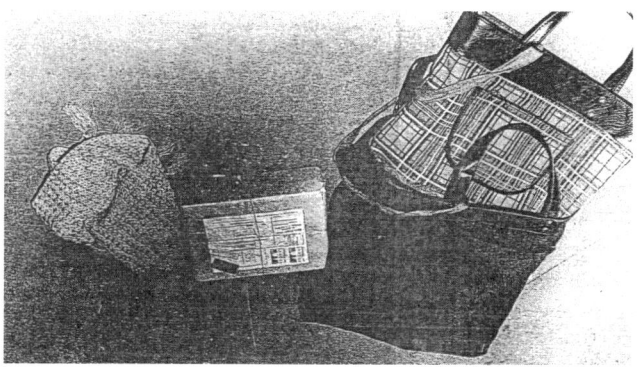

Der verlorengegangene Stoffbeutel, der noch einen Beutel und das Wertpäckchen enthielt

Hauptpostamt Gera: rechts die Einfahrt zum Hof; der Fluchtweg ist eingezeichnet

ter, einem Bleirohr, einem Sperrhaken und einer Pfefferstreudose mit Draht als Griff.

Vom Täter konnte eine recht gute Personenbeschreibung gegeben werden: 20 bis 30 Jahre alt, 170 bis 180 cm groß, kräftige, sportliche Figur, blaue Augen. Bekleidet war er mit einer dunklen Motorradjacke mit zwei Reißverschlüssen (vermutlich Leder oder Lederol, wie das DDR-Kunstleder hieß), Sturzhelm (weiß oder weinrot), Motorradbrille, schwarzen Stulpenhandschuhen und einem blauen Wollschal.

Es wurde ein Anzeige aufgenommen, die Oberleutnant der K Herbert Dunger vom VPKA Gera unter der Tagebuch-Nummer 1664/78 am selben Tage um 18 Uhr unterschrieb. Umgehend wurde ein Ermittlungsverfahren gegen unbekannt verfügt. In der Zeitung *Volkswacht* erschien am 1. November 1978 ein Fahndungsaufruf.

Es stellte sich heraus, dass das Krad gestohlen worden und seit dem 27. Oktober 1978 zur Fahndung ausgeschrieben war.

Sturzhelm mit Brille im Gebüsch

Die weggeworfenen Handschuhe

Der weggeworfene Anorak

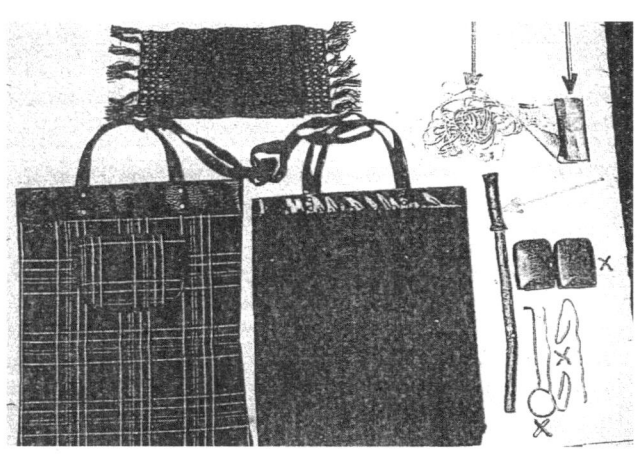

Alle Gegenstände aus dem Beutel

Flüchtiger Täter wird gesucht

Am 30. 10. 1978 gegen 17.50 Uhr versuchte ein unbekannter Täter im Geraer Hauptpostamt, eine schwere Eigentumsstraftat zu begehen. Dazu benutzte er ein am 27. 10. 1978 in Gera-Lusan entwendetes Krad TS 250. Durch das beherzte Eingreifen der Angestellten der Deutschen Post konnte er an seinem Vorhaben gehindert werden.

Das von ihm benutzte Krad ließ er am Tatort zurück und wurde zu Fuß in Richtung Wilhelm-Pieck-Straße flüchtig.

Bei dem Täter handelt es sich um eine jüngere männliche Person, zirka 1,70 bis 1,80 m groß, schlanke, sportliche Gestalt. Zur Tatbegehung trug er einen dunklen Anorak oder eine lederähnliche Jacke, hellen Sturzhelm, Motorradbrille und Stulpenhandschuhe.

Bei der Flucht mußte der Täter verschiedene Gegenstände zurücklassen. Diese Gegenstände, zwei Trägebeutel und ein blauer Schal, sind in einem Schaufenster des Konsument-Kaufhauses auf der Sorge ausgestellt.

Wer kennt diese Gegenstände und wer kann zur Aufklärung der Straftat zweckdienliche Angaben machen?

Ihre Hinweise nimmt die Kriminalpolizei Gera, Telefon 61 32 29, oder jede andere VP-Dienststelle vertraulich entgegen.

Fahndungsaufruf, *Volkswacht vom 1. November 1978*

Und obwohl Gegenstände des Täters im Konsument-Kaufhaus auf der Sorge (ein Straßenname) ausgestellt wurden, verliefen auch hier die Ermittlungen im Sande. Aus den Akten geht nicht hervor, ob überhaupt eine Parallele zum Postraub in der Wassergasse gezogen wurde. Die Personenbeschreibungen des jeweiligen Täters wiesen allerdings große Ähnlichkeiten auf, ebenso die beweiskräftig dargestellte Liebe zu selbstgefertigten Stoffbeuteln sowie die Verwendung von Pfeffer zur Abwehr von Gefahren und zur Spurenüberdeckung. Und in beiden Fällen waren Postämter angegriffen worden. Natürlich, die Begehungsweisen und die Beute unterschieden sich erheblich. Denn im verlorenen Wertpaket befand sich nichts, was einen Wert hatte ...

Das Ermittlungsverfahren gegen unbekannt wurde am 14. Februar 1979 gem. § 143 Ziff. 1 StPO vorläufig eingestellt. Als aber einen Monat später Hinweise auftauchten, wonach ein gewisser Sebastian Hinzpeter den Überfall auf das Hauptpostamt in Gera begangen habe, verfügte Staatsanwalt Benndorf von der Abteilung IA der Geraer Bezirksstaatsanwaltschaft am 27. März 1979 den Fortgang des Ermittlungsverfahrens, nunmehr gegen bekannt.

Dazu war es folgendermaßen gekommen: Der Invalidenrentner und gelernte Bergmann Gottfried Bennert, 38 Jahre alt, wurde am 24. März 1979 vom Untersuchungsorgan der BV Gera des MfS als Zeuge vernommen. Es ging um eine Belästigung, die die Schwiegermutter eines gewissen Sebastian Hinzpeter bei einer VP-Dienststelle im Kreis Pirna in der Nähe von Dresden angezeigt hatte. Im März 1979 habe Bennert die Frau persönlich aufgesucht und Geldforderungen an ihren Schwiegersohn Hinzpeter direkt an sie gerichtet. In der Folgezeit habe er einen Brief von der Frau bekommen, in dem sie Bennert gedroht habe, die Deutsche Volkspolizei zu benachrichtigen, würde er mit seinen Forderungen nicht aufhören. Diese Aussage eines Zeugen vom 22. Mai 1979 stand im Widerspruch zu der Bennerts; ein Widerspruch, der im Ermittlungsverlauf nicht mehr geklärt wurde.

Der nun folgende Bericht sowie die Dialoge beruhen auf den Aussagen von Gottfried Bennert. Ob er die reine Wahrheit gesagt hat?

Mit dieser Schwiegermutter habe Bennert, das gab er zu Protokoll, nur telefonisch verkehrt. Bennert lernte Sebastian Hinzpeter 1975 in der Untersuchungshaftanstalt Gera, Greizer Straße, kennen, wo sie für längere Zeit im selben Verwahrraum untergebracht waren. Gegen Bennert wurde wegen Scheckbetrügereien ermittelt, gegen Hinzpeter wegen »Diebstahls sozialistischen Eigentums«, wie es in der DDR hieß, wenn das Volkseigentum angegriffen wurde. Der Dieb hatte sich mit abenteuerlichen, aber sehr gut funktionierenden Konstruktionen auf raffinierte Art bei den Minol-Tankstellen selbst bedient, das heißt, er hatte Benzin im großem Stil aus den Großtanks gestohlen. Er hatte den Kraftstoff mit einer Pumpe direkt in seinen Pkw befördert, womit er lange Zeit unentdeckt geblieben war.

Zwischen den beiden entwickelte sich eine Art freundschaftliches Verhältnis. Hinzpeter erzählte Bennert schon in der Haft von seinen Straftaten, für die er nie zur Verantwortung gezogen worden war. Auch sprachen beide über kriminelle Vorhaben, die sie in der Zukunft, also nach der Haftentlassung, realisieren wollten. Eine gemeinsame Zelle hat schon immer zusammengeschmiedet.

Nach Bennerts Haftentlassung kam es zu einigen Begegnungen. Letztmalig hatten sie sich am 27. Oktober 1978 getroffen, und zwar im *Theaterrestaurant* in Gera. Danach war Bennert mit der Frau und der Schwiegermutter von Sebastian Hinzpeter, beide in Berlin wohnhaft, telefonisch in Kontakt getreten. Der Grund war, dass Hinzpeter Bennert versprochen hatte, ihm mit einer größeren Geldsumme auszuhelfen, falls dieser in finanzielle Schwierigkeiten käme. Und das, so Bennert in seiner Vernehmung, sei eingetreten. Er war schwer erkrankt und erhielt nur eine Sozialunterstützung.

Das Versprechen, ihm eine größere Summe Geld zu geben, begründete Bennert so: Er sei als Fachmann von Hinzpeter oft um Rat gefragt worden, wenn es um die Vorbereitung von Eigentumsstraftaten gegangen war.

Und die größere Summe DDR-Mark war eben sein Honorar. Wörtlich sagte Bennert dazu: *Als Fachmann bezeichnete er mich deshalb, weil er wusste, dass ich längere Zeit Angehöriger der Abteilung – K – des VPKA Gera war. Er wusste durch mich, dass ich an der Aufklärung zahlreicher Diebstahlshandlungen mitgewirkt habe. Für meine fachmännischen Ratschläge hatte er mir diese angekündigte hohe Geldsumme in Aussicht gestellt ... Er war der Auffassung, ich als erfahrener Kriminalist und er als Diplom-Physiker seien das richtige Gespann, um große Dinge machen zu können.*

Hinzpeter gestand Bennert, die Deutsche Post durch gefälschte Postanweisungen betrogen und in Dresden einen Pkw Wartburg 311 zur Ersatzteilgewinnung gestohlen zu haben. Er plante, die Versicherungsstelle in Dresden auszurauben, wo sich angeblich Geldbeträge in Höhe von 300.000 Mark befanden. Er gestand, Anfang 1977 eine Geldinstitution in der Nähe von Berlin ausgeraubt und rund 74.000 Mark erbeutet zu haben. Seit dieser Zeit fuhr er einen grünen Lada.

Bennert und Hinzpeter schmiedeten Zukunftspläne. Im Mai 1978 hatten sie vor, die Kreissparkasse in Wilsdruff bei Dresden auszurauben. Hinzpeter hatte dieses Objekt schon längere Zeit erkundet, und er teilte dem Komplizen mit, den Decknamen »Karl-Marx-Stadt« für diese Sparkasse zu verwenden. Sie sei am besten mit der »Aufrolltechnik« auszurauben.

Unter dieser Technik verstand Hinzpeter, dass festgestellt werden muss, wann der erste Angestellte die Institution betritt. Nachdem dieser die Tür zum Schalterraum geöffnet hat, wird er überwältigt, geknebelt und gefesselt und in einen Seitenraum gebracht. Wenn diese Person keinen Schlüssel zum Tresor hat, wird gewartet, bis derjenige erscheint, der den Schlüssel besitzt. Zur Flucht soll ein entwendetes Krad benutzt werden, das kurz vor der Autobahn gegen einen bereitgestellten Pkw einzutauschen ist. Als beste Zeit für den Raub nannte Hinzpeter den Herbst, da die Lichtverhältnisse zu dieser Jahreszeit begünstigend bei der Flucht wirken.

Bennert hat sich im weiteren Verlauf nach seinen Angaben von den Überfallplänen etwas zurückgezogen, weil er die Folgen der Verbrechen fürchtete. Außerdem sagte ihm Hinzpeter mehrfach, dass ihm ein Menschenleben sehr wenig bedeute, wenn es darum ginge, in den Besitz von Geld zu kommen. Er würde über Leichen gehen, und dabei wollte Bennert auf keinen Fall mitmachen.

Dennoch planten die beiden munter weiter. Hinzpeter hat noch während der Haftzeit Bennerts die Außenstelle der Deutschen Post in der Schwarzen Pumpe gegenüber dem Haupteingang des Werkes in Spremberg ausgekundschaftet. Für dieses Objekt dachte er sich den Decknamen »Kohlenkeller« aus.

Vom 2. bis zum 5. Oktober hielt sich Bennert auf Einladung von Hinzpeter in dessen Wohnung in Berlin-Lichtenberg auf, da ihm dieser »lohnende Objekte« zeigen wollte. Hinzpeter offerierte ihm dabei eine Liste von 25 Postämtern in Berlin. Er hatte schon viel ermittelt: Besetzung mit Angestellten, Möglichkeiten der Flucht und der Einsichtnahme von außen in das Objekt, Entfernung und Bezeichnung der nächsten VP-Dienststelle.

Sie fuhren während Bennerts Aufenthalt in Berlin Postämter ab, wobei auch schon konkrete Pläne entwickelt wurden. Ein Postamt, »circa 70 Meter von der Hafeneinfahrt« entfernt (genauer konnte sich der Zeuge nicht erinnern), schien besonders geeignet, da der Eingang von innen zu verriegeln war. Der Plan: Bei der offiziellen Öffnung sollten die beiden das Postamt als Erste betreten und dann die an der Tür angebrachten Riegel sofort schließen. Sie wollten die Angestellten überwältigen und, wenn das Geld aus dem Tresor in ihrem Besitz war, den Schalterraum durch den Hintereingang verlassen, der in einen ausgedehnten Hof mit einer großen Toreinfahrt mündete. Dort war es möglich, den Flucht-Pkw unauffällig abzustellen. Es wurden auch noch andere Postämter »als sehr günstig« eingestuft, unter anderem am Hultschiner Damm und in der Stralauer Allee.

Nach Beendigung der Besichtigungen bat Hinzpeter Bennert, er möge raten, wie viel Kilometer sie nun gefahren wären. Da Bennert das nicht raten konnte oder wollte, nannte Hinzpeter die Zahl: ungefähr 1200 Kilometer.

90 Postämter in Berlin-Ost hatte Hinzpeter insgesamt in seine Vorauswahl genommen, und viel mehr gab es ja auch gar nicht. An 65 Postämtern sei er mit seinem Pkw zur engeren Erkundung vorbeigefahren, wovon er danach 25 Postämter detailliert ausspionierte.

Wie für eine wissenschaftliche Arbeit stellte Hinzpeter erst einmal Kriterien zur Auswahl der Postämter auf, und für die ausgewählten Dienststellen trug er dann alle Daten in die Tabelle ein. Kriterien waren etwa: Größe des

Postamtes, Gebäudeform, Fahrzeugabstell- und Fluchtmöglichkeiten, Rentenauszahlungen, Sicht durch Fenster und Türen, Fußbodenoberfläche, Anzahl der Schalter und der Beamten, Paketausgabe, Polizei in der Nähe, Keller, Eingang, Öffnungszeiten, Passanten bzw. Leute in den Häusern als Beobachter.

Bennert berichtete in seiner Vernehmung weiter, dass das nächste Treffen dann in Dresden stattgefunden habe. Hinzpeter hatte ein neues »lohnendes Objekt« ausgekundschaftet, eine Sparkasse in Königstein. Da gab es angeblich keine Risiken. Dieser Plan erhielt den Decknamen »Garage«. Dort sollten nach Hinzpeter 300.000 bis 400.000 Mark zu holen sein. Hinsichtlich der Alarmanlagen bestünden hier keine großen Probleme, da es sich nur um ältere weibliche Angestellte handle, »die man durch einen Schuss mit einer Pistole in die Decke einschüchtern könne«. Der für dieses Stadtgebiet verantwortliche ältere

Tabelle der ausgekundschafteten Postämter

Abschnittsbevollmächtigte (ABV) sei ihm persönlich bekannt, den könne man bei einem eventuellen Eintreffen durch einen Schulterschuss außer Gefecht setzen.

Auf Nachfrage von Bennert erklärte Hinzpeter, dass er die Waffe selbst gebaut habe. Die Munition habe er von seinem Bruder erhalten, der zu diesem Zeitpunkt bei der NVA diente.

Bennert nahm von dem ihm übertragenen Plan, einem Streifenpolizisten eine bessere Waffe zu entwenden, nach anfänglicher Zustimmung Abstand, weil er sich vor solchen brachialen Gewalttaten und deren Folgen fürchtete. Aber vorerst hatte er diesen Auftrag, und für telefonische Nachfragen darüber wurde der Deckname »Kugelschreiber« erfunden.

Eines Abends, gegen 21 Uhr, gingen sie in die Gaststätte *Radeberger Keller* in Dresden. Hinzpeter erzählte, dass er begeistert von einem schweren Raub in Dresden sei. Er wisse angeblich, wie die Sache abgelaufen sei, und belustigte sich über die Misserfolge der Sicherheitsorgane bei der Fahndung nach den Tätern. Bennert wollte nun wissen, ob der Coup auf Hinzpeters Konto gehe, aber der lachte und verneinte.

Bei weiteren Treffen nahm Bennert eine Bekannte mit – als Vorsichtsmaßnahme, weil er Hinzpeter nicht traute. Im Beisein der Zeugin verhandelte Hinzpeter aber nicht, sondern nur mit Bennert allein. In einem Fall nahm die Bekannte im Auto Platz und durfte Radio hören, während die beiden spazieren gingen. Für die weiteren Absprachen benötigten sie ungefähr 20 Minuten, und der Überfall »Garage« war in Sack und Tüten.

Aber auch dieser Plan wurde verworfen. Bennert sah Hinzpeter zwar bis zu dieser Vernehmung Ende März 1979 nicht mehr, Kontakt bestand jedoch weiterhin. Er erhielt einen Brief, in dem nachgefragt wurde, ob er den »Kugelschreiber« schon besorgt habe. Der sollte »mit einer automatisch nachrutschenden Mine versehen sein«. Diesen Brief übergab der Zeuge dem Untersuchungsorgan als Beweismittel. Aus dem Brief ging hervor, dass Hinzpeter von Juni 1978 bis 6. November 1978 nicht gearbeitet hatte, worüber sich seine Ehefrau und seine Schwiegereltern schon wunderten. Hinzpeter schrieb auch: »Ich arbeite intensiv am Projekt der neuen Garage.« Zwischen den Zeilen klang durch, dass er die Schusswaffe einsetzen wolle, denn eine verletzte Person, bei der Blut fließe, schüchtere die anderen ein.

Bennert gab an, am 1. November 1978 im Bezirksorgan *Volkswacht* eine Mitteilung der Deutschen Volkspolizei gelesen zu haben, wonach am 30. Oktober 1978 ein Raubüberfall auf das Postamt in Gera stattgefunden habe. Als er die näheren Umstände der Tat las, zum Beispiel Krad als Fluchtfahrzeug, war ihm sofort klar, dass dies nur die »Arbeitsmethode« von Hinzpeter sein konnte. Um sich Sicherheit zu verschaffen, rief er bei dessen Schwiegereltern an. Zufällig war der mutmaßliche Räuber gerade da, und das Telefongespräch nahm einen ziemlich offenen Charakter an – trotz aller Vorsichtmaßnahmen, die Hinzpeter ja sonst pflegte.

»Sag mal, du musst verrückt sein, einen Raubüberfall auf das Postamt in Gera zu machen!«

Sebastian Hinzpeter am anderen Ende der Leitung

schwieg, aber Bennerts Wut schlug ihm weiter entgegen: »Spar dir irgendwelche Ausflüchte, du hast gegen unsere Abmachung verstoßen! Diese Abmachung bestand darin, dass du ohne mich keine Überfälle mehr durchführen sollst! Und bei eventuellen Alleingängen wolltest du mich unterrichten! Hast du das etwa schon vergessen! Du vergisst ja sonst nichts, du Physiker!«

Die erste Reaktion des Physikers fiel lakonisch aus: »Na, und?«

»Das stand heute schon in der Zeitung, das mit dem Postraub. Ich schicke dir das zu. Da kannst du denn mal sehen, was für einen Scheiß du gemacht hast! Die suchen dich, und zwar intensiv! Und ich bin dann selbst mit dran, du Idiot!«

Der Physiker sagte immer noch nichts.

Nun wollte Bennert wissen, wie hoch die Beute war.

»Am Telefon nicht.« Und nach einer Pause: »Da ist ohnehin einiges schiefgelaufen.«

»Was denn?«

»Die dumme Gans am Schalter hat geschrien, und ich musste einen Postbeamten niederschlagen. Auch das Motorrad musste ich stehen lassen. Schöne Scheiße!«

»Wo hattest du dann das Motorrad her?«

Jetzt erklärte Hinzpeter offen und frei am Telefon, dass er dieses in einem Neubaugebiet in Richtung Weida entwendet und zum Knacken des Schlosses eine großartige Technik entwickelt habe. Dazu brauchte er angeblich nur einen mit einem Loch versehenen Montierhebel und einen Dorn.

»Na, du musst schon entschuldigen«, lenkte er ein.

»Aber als ich dich am 27. Oktober abgesetzt habe, ist mir urplötzlich eingefallen, dass ich das Ding im Alleingang machen will. Ich muss dich treffen.«

Bennert legte auf und schickte noch am selben Tag einen Brief an Hinzpeter an die Adresse der Schwiegereltern und forderte einen Anteil an der Beute: 10.000 Mark. Er wollte damit testen, ob der Physiker wirklich erfolgreich das Hauptpostamt in Gera überfallen hatte. Eine Reaktion auf diesen Brief bekam er aber nicht.

Als am 10. oder 11. November 1978 wieder ein Fahndungsaufruf in der *Volkswacht* erschien, in dem der Fluchtweg, das Äußere des Täters, seine Bekleidung und die aufgefundenen Gegenstände beschrieben wurden, befiel Bennert erneut große Unruhe. Er rief wieder Hinzpeters Schwiegereltern an und erreichte den Komplizen auch gleich.

»Sag mal, bist du verrückt? Es war schon wieder ein Artikel in der Zeitung! Die Beschreibung des Täters! Auffälliger geht's wohl nicht, oder?«

Der Physiker lachte nur. »Wenn sie den Täter nach der ersten Personenbeschreibung suchen, werden sie ihn nie finden.«

»Da bin ich mir aber nicht so sicher. Wie kannst du zu einem Überfall einen gesäßlangen weißen Pullover tragen?«

Hinzpeter lachte jetzt herzhaft am anderen Ende der Leitung. »Einen solchen Pullover habe ich nie getragen, sondern eine bis zum Hosenbund reichende Malerjacke und darüber einen Anorak. So, jetzt weißt du das.«

Nun war Bennert sprachlos.

»Ach, ich muss dir noch sagen, dass ich einigen Kleingärtnern Geschenke machen musste. Den Sturzhelm und den Anorak habe ich in die Gärten geworfen. Außerdem, und das war auch schlecht, habe ich auf dem Posthof einiges zurücklassen müssen, als es zur Auseinandersetzung mit einem der Postangestellten gekommen ist. Den musste ich niederstrecken.«

Bennert schwieg, beeindruckt von der Offenheit des Posträubers.

»Ich kann dir sogar sagen, wohin ich geflüchtet bin. Ich bin in Richtung eines großen Platzes gelaufen, dabei bin ich immer noch von einem Postangestellten verfolgt worden. Danach habe ich immer nur versucht, bergauf zu laufen, wobei ich Straßenbahnschienen überquerte. Ich habe dann die Orientierung verloren, den Verfolger aber abgeschüttelt. Gott sei Dank! Bei dieser Verfolgung hätte ich beinahe die Säureflasche zur Anwendung bringen müssen, da der Postangestellte ziemlich hartnäckig an mir dran war. Aber es ist noch einmal gutgegangen.«

»Na, toll.«

»Nun, das Motorrad ist weg, auch die Faltgarage ist verlustig gegangen, die ich bei den Neubauten abgelegt hatte, du weißt schon, wo das Motorrad stand. Das ist sehr schade.«

»Und was ist mit meiner Kohle?«

»Nichts. Ich habe nichts erbeutet, im Tresor befand sich nur ein Paket, und das musste ich auch zurücklassen. Dann bin ich mit dem Auto schnell nach Dresden. Du weißt schon, wegen des Alibis. Du bist doch der Kriminalist.«

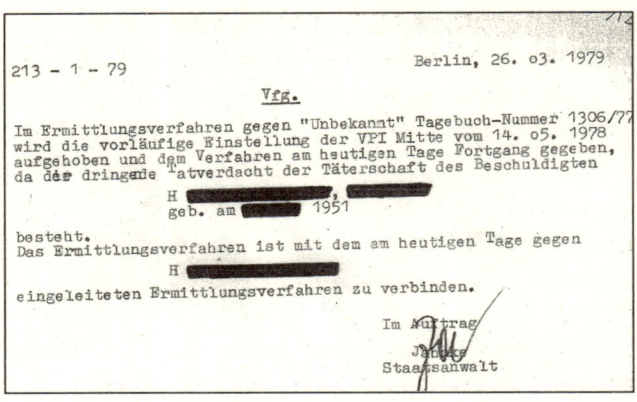

Ermittlungsverfahren gegen bekannt

Und dann fügte er drohend noch hinzu: »Ich werde nie als Täter ermittelt werden, auch nicht aufgrund der Mitteilungen in der Zeitung. Du bist der einzige Mitwisser. Wenn du darüber quatschst, dann schwöre ich dir, ich bringe dich um, bevor sie mich einsperren. Das verspreche ich dir. Du wirst dann durch meine Hand sterben.«

Der schwerkranke Bennert legte wort- und grußlos auf und hielt sich im Folgenden auch an sein Schweigegelübde. Er wusste, dass Hinzpeter sehr brutal sein konnte und auch nicht davor zurückschreckte, eine einmal ausgesprochene Drohung in die Tat umzusetzen.

Bennert schwieg bis zu dem Tag, an dem die Zeugenvernehmung stattfand. Da sagte er dann wörtlich aus: *Ich sehe keine Möglichkeit mehr, mein Wissen für mich zu behalten. Mir ist in der Zwischenzeit klargeworden, dass ich allein nicht in der Lage bin, Sebastian Hinzpeter vor weiteren Straftaten zu bewahren. Ich habe dem Untersu-*

*chungsorgan wahrheitsgetreu alle Zusammenhänge darge-
legt, denn es geht schließlich auch um meine Sicherheit. Ich
möchte aber noch einmal betonen, dass ich nach meiner
Auffassung keinerlei Straftaten begangen habe.*

Kriminalistische Information	Nr. 1/79	03.4.

Am 27. März 1979 wurde der Täter H███████,
S███████, geb. am 8. September 1951 in Dresden,
whft. in Berlin-Lichtenberg, verhaftet.

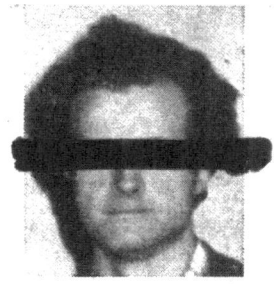

Der Täter führte am 12. Mai 1977 einen schweren Raub
im Postamt 14 in Berlin, Wassergasse 1, durch.
Er beobachtete die Reinigungsfrau und überfiel sie,
nachdem sie die hintere Eingangstür des Postamtes aufgeschlossen hatte. Der Täter fesselte sie an Händen und
Füßen und forderte die Herausgabe der Tresorschlüssel.
Zwischenzeitlich maskierte er sich und wartete im Objekt auf das Eintreffen des Dienststellenleiters, der den
Tresorschlüssel bei sich führte.
Den eintreffenden Dienststellenleiter schüchterte er
durch Faustschläge und Androhen weiterer Repressalien ein und erzwang sich so die Herausgabe von etwa
70 000,— M aus dem Tresor.
Danach entfernte er sich aus den Räumen der Post,
suchte den Hauskeller auf, streute Salz und Pfeffer auf

Kriminalistische Information Nr. 1/1979, Blatt 1

die Kellertreppe und ließ die Maske sowie eine Perücke dort zurück.

Personenbeschreibung:

187 cm groß, schlanke Gestalt, rechteckiger Kopf, hohe Stirn; mittelblonde, wellige, nach hinten gekämmte Haare ohne Scheitel.

Wo liegen Straftaten mit dieser oder ähnlicher Begehungsweise seit August 1976 vor?

Hinweise sind über die Dezernate VI der BDVP per FS an das Dezernat VI der Abt. K des PdVP Berlin zu richten.

PdVP Berlin, Abt. Kriminalpolizei, Tgb.-Nr. 1306/77 Mi.

Ausschnitt Personenbeschreibung. *Kriminalistische Information Nr. 1/1979, Blatt 2*

Wohnhaus Köpenicker Straße 94/Wassergasse 1.
Ansicht 27. Januar 2016

Gottfried Bennert, der bis zum Ende auch viel getrunken hatte, starb am 29. April 1979 um 13 Uhr in Jena an einem Krebsleiden, so dass gegen ihn nicht mehr ermittelt wurde.

Als Sebastian Hinzpeter als möglicher Räuber im Fall der Wassergasse ins Visier der Ermittler geriet, überschlugen sich die strafprozessualen und kriminalistischen Maßnahmen.

Sebastian Hinzpeter war in vollem Umfang geständig. Von den zahlreichen Vernehmungen sind Hunderte Protokollseiten archiviert, aus denen wir nur einen Bruchteil zitieren können.

In der Beschuldigtenvernehmung vom 12. April 1979, genau am zweiten Jahrestag des Postraubes in der Wassergasse 1, gibt er einen detaillierten Einblick in seine Vorbereitung und Durchführung des spektakulären Raubes. Die Vernehmung dauerte von 8.20 bis 15.55 Uhr, natürlich wurde eine einstündige Mittagspause eingelegt. Die Dienststelle ist auf dem Protokoll nicht näher vermerkt, wahrscheinlich handelte es sich um die Linie IX des MfS, da der Protokollant nur vom »Untersuchungsorgan« schrieb.

Frage: Wie bereiteten Sie den Postraub konkret vor?
Antwort: In der Nacht vom 11. zum 12.5.1977 fuhr ich mein Motorrad MZ TS 250, das Cottbuser Kennzeichen ist mir nicht mehr in Erinnerung, hinter ein Wohnhaus in der Neuen Jakobstraße, unweit der Ecke Köpenicker Straße in Berlin-Mitte. Das Fahrzeug habe ich nicht abgeschlossen, um damit schnell die Flucht ergreifen zu können. Zu meiner Absicherung, um sicher zu gehen, dass keine andere Person sich am Motorrad zu schaffen machte, habe ich ein Kennzeichen angebracht, indem ich die Motornummer mit Öl und Straßenschmutz unkenntlich machte, und ein

Haar darin eingeklebt. Bereits in der Phase der mittelbaren Vorbereitung des Raubüberfalls hatte ich mir ein neues unbemaltes Nummernschild gekauft. Auf dieses Schild brachte ich mittels schwarzen Lacks mein Kennzeichen auf. Dieses selbstgefertigte Nummernschild beabsichtigte ich, bei der Ausführung des Raubüberfalls und der Flucht als Kennzeichen an meinem Motorrad zu verwenden und es zur Vortäuschung eines anderen Kennzeichens mittels schwarzer Schuhcreme und weißer Zahnpasta zu übermalen, wodurch erforderlichenfalls durch Abwischen mit einem Lappen sehr schnell wieder das richtige Kennzeichen zum Vorschein kommen würde. Sollte die verfälschte Nummer des Kennzeichens erkannt und danach gefahndet werden, war es mir bei einer evtl. Kontrolle leicht möglich, das richtige Kennzeichen wieder herzustellen. Die Verfälschung des Kennzeichens in der genannten Weise nahm ich bereits einige Tage vor dem Raubüberfall vor – die genaue Zeit kann ich nicht mehr sagen –, und um die Schuhcreme und die Zahnpasta frisch zu halten, habe ich das Kennzeichen in einem nassen Lappen aufbewahrt, bis ich es in der Nacht vom 11. zum 12.5.1977 auf der Fahrt zum vorgesehenen Abstellort in der Neuen Jakobstraße an das Motorrad montierte. Mit der Herstellung des verfälschten Kennzeichens und dem Abstellen des Motorrades waren die Vorbereitungen zum Raubüberfall durch mich abgeschlossen.

Frage: *Schildern Sie den Ablauf Ihrer Handlungen vom Verlassen Ihrer Wohnung bis zum Betreten des Postamtes Wassergasse am 12.5.1977!*

Antwort: *Am 12.5.1977 verließ ich gegen 02.00 Uhr*

meine Wohnung ... und begab mich mit dem gestohlenen Fahrrad zum Postamt Wassergasse. Als ich das Haus verließ, war ich mit einer schwarzen Hose und einer roten Strickjacke bekleidet und hatte mir die Hände bereits mit Duosan eingerieben, um Fingerabdrücke zu vermeiden. Auch die von mir durch Beschneiden der Sohle präparierten Schuhe hatte ich bereits an.

Alle anderen von mir bereits in der Vernehmung vom 12.4.1979 genannten Ausrüstungsgegenstände sowie ein alter grauer Übergangsmantel, eine Tube Duosan und eine Flasche mit Aceton als Lösungsmittel für diesen Leim befanden sich in dem von mir aus blauem Fahnenstoff genähten Beutel, der etwa 50 mal 70 cm groß war. Weitere mitgeführte Kleidungsstücke hatte ich noch nicht angezogen, weil ich nicht ausschließen konnte, dass mich andere Personen beim Verlassen des Wohnhauses gesehen haben konnten.

Auf einem Seitenweg am Bahngelände des S-Bahnhofes Nöldnerplatz habe ich weitere Bekleidungsstücke angezogen und Ausrüstungsgegenstände angelegt.

Zunächst zog ich über meine Bekleidung den weißen Maureranzug, in dessen Taschen sich ein leerer Einkaufsbeutel aus Stoff und ein Pfefferbehälter befanden. Unter der Jacke des Maureranzuges befestigte ich am rechten Arm den Hundeschutz. Unter der Jacke des Maureranzuges trug ich dann auch die Sprühflasche mit dem Ammoniak, die ich dort zunächst mit der mitgeführten Motorradluftpumpe aufpumpte und mit einer Schnur um den Hals hängte. Alle weiteren Ausrüstungsgegenstände verblieben im Beutel.

Diese Phase nahm etwa 1 Stunde in Anspruch, und ich

setzte danach meinen Weg zum Postamt fort. Teilweise fuhr ich mit dem Rad und teilweise schob ich es, weil der große Beutel mit den Ausrüstungsgegenständen öfters vom Gepäckständer des Rades fiel.

Eingangstür
Köpenicker Straße 94.
Ansicht 27. Januar 2016

Eingangstür Wassergasse 1.
Ansicht 27. Januar 2016

Gegen 04.00 Uhr traf ich am Postamt Wassergasse ein und stellte zunächst das Fahrrad am neben dem Postamt gelegenen Hauseingang des Wohnhauses in der Köpenicker Straße 94 ab. Mit einem Fahrradschloss, das nur noch aus der Plasthülle bestand, schloss ich das Rad scheinbar am Hinterrad an, nahm den Beutel mit den Ausrüstungsgegenständen und begab mich damit durch das geöffnete Haus in der Köpenicker Straße zum Hof, über den Hof durch die gleichfalls geöffnete Tür zum Haus Wassergasse 1 und vom dortigen Flur in den Keller.

Im Keller legte ich schließlich weitere Ausrüstungsgegenstände an und wartete auf das Eintreffen der Reinigungsfrau vom Postamt.

Frage: *Sind Sie auf dem Wege zum Postamt mit Personen zusammengetroffen?*

Antwort: *Mir sind zwar auf dem Wege zum Postamt Personen begegnet, jedoch hatte ich zu diesen keine Kontakte aufgenommen. Als ich mich circa 1 Stunde in der Nähe des S-Bahnhofes Nöldnerplatz aufhielt, um mich umzuziehen, traf ich mit keinen Personen zusammen. Auch für meinen Weg durch das Wohnhaus Köpenicker Straße bis in den Keller des Hauses Wassergasse 1 sind mir keine Personen begegnet.*

Frage: *In welcher Weise machten Sie sich unmittelbar vor dem begangenen Raubüberfall auf das Postamt Wassergasse unkenntlich?*

Antwort: *Während meines Aufenthaltes im Keller machte ich kein Licht. Ich hatte mir dazu die Taschenlampe mitgenommen. Zunächst verwischte ich mittels eines Beutels alle Spuren im Keller auch an dem Ort, an dem ich im Januar 1977 von dem einen Festangestellten bei meinem Beobachten entdeckt wurde. Anschließend verstreute ich aus den mitgeführten 3 bis 4 Dosen Pfeffer in den Kellergängen, um die Spurenverfolgung durch einen Fährtenhund unmöglich zu machen. Auch sah ich mir den Keller noch einmal gründlich an und stellte fest, dass ein zweiter Ausgang zum Haus in der Köpenicker Straße führte, durch das ich das Gebäude betreten hatte. Ich legte in diesem Zusammenhang fest, den Keller nach dem erfolgten Raubüberfall durch diesen zweiten Ausgang zu verlassen.*

Anschließend legte ich alle weiteren Ausrüstungsgegenstände in der zu gebrauchenden Reihenfolge in den blauen Beutel, und zwar in der Weise, dass die mitgeführten 1 oder 2 leeren Einkaufsbeutel zuunterst und darauf der Einkaufsbeutel mit dem Werkzeug, dann der mit Zugband und Karabinerhaken präparierte Beutel für das zu erbeutende Geld, die 5 oder 6 Kapuzen für die Postangestellten, meine aus blauem Fahnenstoff und schwarzem Tüll gefertigte Kapuze zu liegen kamen. Obenauf legte ich die in der von mir beschriebenen Weise präparierte Luftdruckpistole, und an den Seiten befanden sich die 5 kürzeren und 5 längeren Enden isolierten Aluminiumdrahts, die zum Fesseln der Postangestellten vorgesehen waren.

Ich zog mir die blauen, an den Seiten mit Reißverschlüssen versehenen Schlosseranzughosen an und den alten grauen Übergangsmantel, an dessen Innenseite die elektrischen Teile (Zündspule, Taktgeber, Relais und Batterien) der präparierten Handschuhe mittels Heftpflaster befestigt waren. Gleichzeitig zog ich die mit blanken Kupferdrähten an den Innenhandflächen versehenen Lederhandschuhe und darunter zur Isolierung ein Paar Haushaltsgummihandschuhe an. Schließlich steckte ich zur Veränderung der Gesichtszüge und zum Verstellen der Stimme aus einem Schwamm geschnittene Schaumstoffstreifen und eine kleine Spielzeug-Plastkugel in den Mund und Ohropax in die Nasenlöcher, klebte mir den schwarzen Kinnbart an und setzte die Perücke auf, die ich unter dem Kinn befestigte. Mittels eines mitgeführten Spiegels kontrollierte ich das Aussehen. Am Mantel, das fällt mir noch ein, habe ich eine aus einem Motorradbowdenzug gefertigte Schlinge, die am anderen

Ende mit einem Karabinerhaken versehen war, befestigt. Mit dieser Schlinge wollte ich bei der Flucht, falls man mir folgen sollte, die Haustür des Wohnhauses Köpenicker Straße von außen versperren, indem die Schlinge um die Türklinke gelegt und der Karabinerhaken in das Metallgitter der Tür eingehängt wird.

Dieses nochmalige Vertrautmachen mit den Örtlichkeiten, die Verkleidung, das Zurechtlegen der Ausrüstungsgegenstände und das Verwischen von Spuren nahmen ein bis eineinhalb Stunden in Anspruch. Im Anschluss daran habe ich etwa 15 bis 30 Minuten gewartet, bis gegen 05.45 Uhr die Reinigungsfrau erschien und den Diensteingang zum Postamt im Hausflur Wassergasse 1 öffnete.

Frage: *Wie gingen Sie im Einzelnen bei der Durchführung des Raubüberfalls vor?*

Antwort: *Als ich mich im Keller aufhielt, habe ich mich nach den Geräuschen orientiert, wer das Haus betritt. Aufgrund des lauten Klappens der Haustür war dies leicht möglich. Zuerst fuhr gegen 04.45 Uhr ein Fahrzeug, vermutlich ein B 1000, vor das Haus, jemand betrat den Flur und warf dort etwas ab. Meine Annahme bestätigte sich dann später, dass zu dieser Zeit die für die Post bestimmten Zeitungspakete abgelegt wurden. Gegen 05.45 Uhr klappte erneut die Haustür, und man hörte einen Schlüssel klappern. Daraufhin bin ich sofort die Kellertreppe hinaufgegangen, habe diese einen Spalt geöffnet und konnte sehen, wie die Reinigungsfrau der Post die im Flur abgelegten Zeitungspakete hineintrug. Als sie sich im Raum befand, sprang ich schnell hinterher und schlug die Tür hinter mir zu. Im Vorraum holte ich gleich die oben in dem Beutel* *liegende Pistole hervor und bedrohte damit die Reinigungsfrau und forderte sie auf, sich von mir wegzudrehen. Da ich noch keine Kapuze aufgesetzt hatte, wollte ich vermeiden, dass sie mich genau sehen kann.*

Was ich im Weiteren konkret zu dieser Reinigungsfrau gesagt habe, weiß ich heute nicht mehr. Ich bedeutete ihr aber, dass sie sich in den zweiten neben der Eingangstür befindlichen Raum begeben sollte. Damit wollte ich erreichen, dass ich in Ruhe nach möglichen Safeschlüsseln suchen konnte. Die Reinigungsfrau hatte aber offensichtlich nicht mitbekommen, was ich von ihr wollte und dass ein Überfall stattfand. Ich hatte den Eindruck, dass sie geistig dazu nicht in der Lage war. Sie redete immerzu auf mich ein, was ich denn hier suche, dass ich endlich gehen solle und der Chef gleich kommen würde. Mit körperlicher Gewalt schob ich sie dann in die kleine Kammer hinein, wo ich sie aufforderte, sich hinzulegen. Dies tat sie erst nach mehrmaliger Aufforderung. Als sie bäuchlings auf dem Boden lag, habe ich ihr mittels des mitgeführten Drahtes die Hände auf dem Rücken und die Beine gefesselt. Danach stülpte ich ihr eine der mitgeführten Kapuzen über, die ich aus dem blauen Beutel nahm, und schloss die Tür der Kammer.

Meiner Erinnerung nach hatte ich zuvor den blauen Beutel auf dem unmittelbar links neben dem Diensteingang befindlichen Tisch geleert und dann die Pistole in den leeren Beutel zurückgesteckt.

Nach dem Fesseln der Reinigungsfrau zog ich dann meines Erachtens mir selbst die Kapuze über und begab mich in den Schalterraum. Entsprechend den von mir bei den Beobachtungen des Postamtes festgestellten Verfahrenswei-

sen habe ich danach die Rollläden in der Weise hochgezogen, dass
- *der erste Rollladen neben dem Eingang Wassergasse 1 unten blieb,*
- *der zweite halb hochgezogen,*
- *der dritte geschlossen,*
- *der vierte ganz hochgezogen war.*

Im Schalterraum kontrollierte ich die Abfertigungstische und stellte fest, dass unter jedem sich ein Knopf für die Alarmanlage befand. Daraus ergab sich für mich der Schluss, dass keiner der die Post betretenden Angestellten in den Schalterraum gelangen darf. Im Schalterraum nahm ich noch den an die Kriminalpolizei gerichteten Brief aus der Manteltasche und legte ihn auf den ersten Schaltertisch. Das Papier, in dem der Brief eingeschlagen war, um Faserspuren zu vermeiden, knüllte ich zusammen und steckte es in die Manteltasche. Daraufhin begab ich mich zurück zu der Reinigungsfrau und habe sie gefragt, wer den Schlüssel zum Geldschrank hat oder wo der Schlüssel versteckt ist. Sie hat auf meine Frage aber überhaupt nicht geantwortet und sagte nur, dass der Chef gleich kommen würde und was mir denn eigentlich einfiele.

Ich begann hierauf eine wilde Suchaktion in den Räumen der Post, indem ich auf Verdacht alle offen stehenden Schränke, Schubfächer und Räume durchwühlte und auch zwischen dem Geschirr suchte, in der Hoffnung, dass dort möglicherweise der Schlüssel zum Safe versteckt sein könnte. Bei dieser Suche stellte ich auch fest, dass sich der Geldschrank in dem Raum befand, der unmittelbar links neben der Eingangstür abgeht. Rechts daneben befand sich die Kammer, in die ich die Reinigungskraft einsperrte, und rechts davon befand sich der Durchgang zum Schalterraum.

Nach meiner vergeblichen Suche ging ich wieder in die Kammer zur Reinigungsfrau zurück und fragte sie nochmals, wo sich der Schlüssel zum Safe befinden würde. Erst jetzt sagte sie, dass diesen Schlüssel der Chef habe und der gleich kommen würde. Bei diesem Disput mit der Reinigungsfrau habe ich festgestellt, dass sich deren Fesseln gelockert hatten. Um sie im Auge zu behalten, trug ich sie darum in den links daneben gelegenen Raum, in dem sich auch der Geldschrank befand.

Unmittelbar darauf hörte ich das Klappen der Haustür, und darauf klingelte es auch schon an der Tür zum Postamt. Mir war klar, dass jetzt der Chef kommen würde, der im Besitz des Schlüssels zum Geldschrank sein sollte. Ich ging mit der Kapuze über den Kopf zur Tür und wollte sie nach innen öffnen, hinter der Tür versteckt den Angestellten eintreten lassen, die Tür zuschlagen und anschließend mit der aus dem Beutel zu nehmenden Pistole bedrohen. Dabei stellte ich jedoch fest, dass meine Beobachtungen falsch waren und die Tür sich nur nach außen öffnen ließ. Dadurch war ich verwirrt. Dennoch öffnete ich die Tür nach außen und zog unmittelbar darauf den Chef des Postamtes, in dem ich die Person wiedererkannte, die mich im Januar 1977 bei Beobachtungen des Postamtes vom Keller aus überraschte, in den Vorraum hinein. Die Tür schlug ich sofort wieder zu. Der Angestellte war so überrascht, dass er ganz verdutzt stehen blieb und nicht versuchte, nach dem Öffnen der Tür zu flüchten, womit ich mindestens gerechnet hatte.

Ohne den Chef des Postamtes mit der Pistole zu bedrohen, habe ich ihn sofort aufgefordert, den Schlüssel zum Safe herauszugeben. Ohne irgendwelche Einwände oder Fragen sagte er zu mir in etwa: »Ja, sofort, du bekommst das Geld, ich will mich nicht unglücklich machen auf meine alten Tage.« Er holte Schlüssel aus seiner Aktentasche und begab sich in den Raum, in dem ich selbst schon den Safe festgestellt hatte. Dort erkannte er auch die am Boden befindliche und gefesselte Reinigungsfrau, und er forderte mich auf, ihr die Kapuze vom Kopf zu nehmen, bevor er mir das Geld geben würde. Dieser Aufforderung bin ich gleich nachgekommen, während sich der Postangestellte zum Safe begab und diesen aufschloss. Im Safe befanden sich weitere Fächer. Ich kann jedoch heute nicht mehr sagen, welches dieser Fächer er zuerst aufgeschlossen hat. In dem geöffneten Fach erkannte ich aber den Pappkarton oder die Holzkiste, in dem sich Stapel mit Geldscheinen befanden, die ich bereits feststellte, als ich mich entschloss, dieses Postamt zu überfallen.

Der Chef des Postamtes steckte auf meine Aufforderung hin diese Geldscheine aus dem Kasten oder Karton in die Kapuze hinein, die zuvor die Reinigungskraft aufhatte. Als alles Geld verstaut war, fragte ich ihn, ob das alles war, was er bestätigte. Als ich nach dem Kleingeld fragte, sagte er mir, dass ich kein Kleingeld mitnehmen solle, da mich dieses nur belasten würde. Weil ich aber auch auf dem Kleingeld bestand, öffnete der Angestellte ein weiteres Fach in dem Safe und entnahm ca. 15 Rollen unterschiedlicher Münzen, die er mir auf mein Verlangen gleichfalls in die Kapuze legte. Nachdem er dies getan hatte, forderte mich der Angestellte jetzt auf zu verschwinden, da bald die anderen Angestellten kommen würden. Ich bedeutete ihm, dass ich das ohnehin gleich tun werde, und begab mich sofort aus dem Raum hinaus in den Vorraum. Dort steckte ich die Kapuze mit dem Geld in den blauen großen Beutel, in dem sich schon die Pistole befand, und legte dazu noch ein oder zwei Kapuzen, und ich glaube, auch noch einen leeren Einkaufsbeutel. Alle anderen Gegenstände, weitere Kapuzen, Einkaufsbeutel und das gesamte von mir nicht benötigte Werkzeug sowie eine Tube mit Duosan ließ ich zurück, da das wahllos in die Kapuze geworfene Geld viel Platz wegnahm und ich noch bei der Flucht am Körper getragene Kleidung und Ausrüstungsgegenstände verstauen musste.

Ursprünglich war es nicht vorgesehen, dass ich Gegenstände zurücklasse.

Nun ist mir nicht mehr in Erinnerung, ob ich, als ich das Postamt durch den Diensteingang wieder verließ, bereits die Kapuze vom Kopf genommen hatte oder dies erst im Flur des Hauses tat. Ich riss jedenfalls die Kapuze vom Kopf und dabei auch die Perücke nach vorn, so dass sie nur noch halb auf dem Kopf hing. Die Kapuze legte ich mit auf die Tasche, muss sie jedoch, wie ich später feststellte, bei der Flucht verloren haben. Auch die Perücke ist mir im Keller vom Kopf gerutscht, und ich habe sie nicht wieder aufgehoben.

Im Keller habe ich dann mit der planmäßigen Fortsetzung meiner Flucht begonnen.

Dann berichtete Hinzpeter über den Verbleib des Geldes. In der Marchlewskistraße (Berlin-Friedrichshain) suchte er in verschiedenen Häusern nach einem geeigneten Versteck für das Kleingeld. Als er die öffentliche Toilette am Comeniusplatz aufsuchte, stellte er in der Decke unter dem Dach ein oder zwei Löcher fest, die ihm als Versteck geeignet erschienen. Dorthinein warf er schließlich den Zeltsack mit dem darin befindlichen Kleingeld und der präparierten Luftdruckpistole, um beides zu einem späteren Zeitpunkt wieder herauszuholen.

Nach Feierabend, etwa zwischen 16.15 und 16.30 Uhr, versteckte er dann schließlich die in den Strümpfen befindlichen Geldscheine im vorgesehenen Versteck im Versorgungsschacht des links neben der Paketausgabestelle in der Brückenstraße 1A gelegenen Wohnhauses. Dort blieb das Geld, bis er es etwa vier bis sechs Wochen später wieder herausholte und zu persönlichen Zwecken verbrauchte. Das Kleingeld aber war mitsamt der Luftdruckpistole verschwunden. Als er es im März 1978 aus dem Versteck holen wollte, da sein Geld wieder knapp wurde, fand er nichts mehr vor.

Frage: Wo befindet sich das von Ihnen zur Durchführung der Straftat benutzte Motorrad?

Antwort: Das von mir zur Straftat verwendete Motorrad habe ich im Sommer oder Herbst 1977 mit Kaufvertrag für meiner Erinnerung nach 1.500,-- M an meinen Arbeitskollegen Dieter Conradi, circa 1950 geboren, tätig im VEB PKM Anlagenbau Leipzig, Betriebsteil Berlin, wohnhaft in Berlin, nähere Anschrift nicht bekannt, verkauft, weil ich es nicht mehr brauchte. Aus dem beim Raubüberfall erbeuteten Geld hatte ich mir zwischenzeitlich meinen Pkw »Lada« gekauft.

Die öffentliche Bedürfnisanstalt am Comeniusplatz in Friedrichshain (1979). *Übersichtsaufnahme*

Brückenstraße 1A in 10179 Berlin. *29. Januar 2016*

Sebastian Hinzpeter hatte sich für seine Aufzeichnungen eine Geheimschrift ausgedacht, die nur er entschlüsseln konnte. Er versteckte seine Notizen gut, aber es wurden sämtliche durch die Kriminalpolizei gefunden. Zum Beispiel fand man auf dem Gardinenbrett in der Wohnung

Aufzeichnungen auf dem Gardinenbrett in der Wohnung der Eltern Hinzpeters in Berlin-Karlshorst zu einem geplanten Raubüberfall auf die Staatliche Versicherung der DDR, Bezirksdirektion Dresden

seiner Eltern in Berlin-Karlshorst verschlüsselte Aufzeichnungen zu einem geplanten Raubüberfall auf die Staatliche Versicherung der DDR, Bezirksdirektion Dresden.

Schon in der Beschuldigtenvernehmung vom 26. März 1979 hatte Sebastian Hinzpeter gegenüber Oberleutnant Weber den Überfall auf das Hauptpostamt Gera gestanden, detailliert berichtete er darüber aber erst am 19. April 1979, und zwar in der Zeit von 8.20 bis 16.30 Uhr.

Nach der Verhaftung des Täters Sebastian Hinzpeter und Abnahme einer Schriftprobe formulierte Hauptmann der K Ringmann, der Sachverständige für Handschriftenuntersuchung vom Kriminaltechnischen Laboratorium im PdVP Berlin, in einem *Kriminaltechnischen Auswertungsbericht* vom 17. April 1979, dass der mit total verstellter Schrift verfasste Brief, der auf dem ersten Schalter des Postamtes 14 in Berlin abgelegt worden war, zur Identifizierung des Schrifturhebers nicht geeignet sei.

Auch die Geruchskonserven waren plötzlich wieder aktuell. In einem *Bericht über die Geruchsdifferenzierung* vom 8. Juni 1979 kam Kriminal-Obermeister Weischer zur Aussage: *Durch den Differenzierungshund konnte Geruchsübereinstimmung festgestellt werden, zwischen Hinzpeter, Sebastian, geboren 1951, und den Geruchsspuren 21, 22, 23, 24 und 25. Das Ergebnis ist kein Beweismittel im Sinne der StPO § 24.* Wir erinnern uns, das waren zwei Geruchsspuren vom Brief, Spuren von Maske, Haarteil und Socken.

Zu drei Dingen müssen wir aber noch Aufklärung betreiben.

Erstens: Die Zeugenvernehmung von Gottfried Bennert vom 24. März 1979 war der gelungene Versuch, seine inoffiziell gemachten Aussagen in eine strafprozessuale Form zu bringen und die Quelle zu schützen. Denn er war der IM »Siegfried Mattes« der Kreisdienststelle Torgau, der seit Januar 1979 in Zusammenarbeit mit der Abteilung IX der BV Gera zwecks Klärung eines Sachverhaltes zeitweilig gesteuert wurde. Den Tipp, dass Sebastian Hinzpeter der Posträuber ist und nicht mit seinen Straftaten aufhören wird, gab Bennert also inoffiziell dem MfS. Nur durch die offizielle Vernehmung am 24. März 1979 konnten die Straftaten umfassend aufgeklärt werden.

Zweitens: Vorhandene Widersprüche in den Aussagen von Hinzpeter und Bennert konnten nicht mehr ausgeräumt werden. Bennert sagte nicht nur, dass er Hinzpeters Schwiegermutter nie persönlich besucht habe, was sie aber bestätigte, sondern stritt auch ab, beim missglückten Überfall auf das Hauptpostamt in Gera am 30. Oktober 1978 mit von der Partie gewesen zu sein. Das aber behauptete Hinzpeter. Wer sagte die Wahrheit, wer nicht?

Und drittens gibt uns die Drahtspur mit dem Webeleinstek (Knoten) weiterhin Rätsel auf. In den Akten gibt es einige Hinweise, dass diese Spur verfolgt worden ist. Wir kennen auch die mündlichen Überlieferungen von beteiligten Kriminalisten, dass sie sich von diesem Knoten von Anfang an viel versprochen hatten. In der Beschuldigtenvernehmung vom 12. Mai 1979 erklärte Sebastian Hinzpeter dazu nur: *Um die im Postamt befindlichen Angestellten notfalls fesseln zu können, wenn diese Widerstand leisten sollten, besorgte ich mir aus einer Abfallgrube, als ich meine Großeltern besuchte, mehrere plastisolierte Aluminiumdrähte, die ich auf jeweils ein zur Fesselung der Hände und circa 1,5 m zur Fesselung der Füße zuschnitt. Draht zur Fesselung fand ich deshalb als geeignet, weil er schnell zu handhaben ist, man die Fesselung schnell zuziehen kann und er nicht so einschneidet, wie es etwa bei Schnur der Fall ist.*

Wir konnten keine Protokollnotiz finden, dass Sebastian Hinzpeter den Knoten beherrschte oder dieser anderweitig an die Stelle des Kabels kam.

Die Hauptverhandlung fand am 23., 24. und 28. August 1979 vor dem Stadtbezirksgericht Berlin-Pankow statt. Sebastian Hinzpeter wurde am 12. September 1979 wegen schweren Raubes zum Teil in Tateinheit mit schwe-

rem Diebstahl zum Nachteil sozialistischen Eigentums, wegen unbefugter Benutzung eines Kraftfahrzeuges und wegen unbefugten Waffenbesitzes zu einer Freiheitsstrafe von zwölf Jahren verurteilt. Sein Pkw Lada 1300 nebst Zubehör wurde eingezogen, der Angeklagte zudem verurteilt, an folgende Betriebe Schadenersatz zu leisten:
- an die Deutsche Post, Hauptpostamt Berlin 8 in 108 Berlin, Französische Straße 9-12 in Höhe von 69.820,72 Mark nebst vier Prozent Zinsen ab 12. Mai 1977
- an den VEB Wasserversorgung und Abwasserbehandlung Dresden, 806 Dresden, Karl-Marx-Platz 2 b in Höhe von 10.446,43 Mark
- an den VEB Kraftverkehr Luckenwalde, Zweigbetrieb Ludwigsfelde, 172 Ludwigsfelde, Birkengrund-Süd in Höhe von 600 Mark

Die Auslagen des Verfahrens hatte Sebastian Hinzpeter ebenfalls zu tragen. In der Urteilsbegründung erfahren wir viel über die Persönlichkeit von Sebastian Hinzpeter und seine anderen Straftaten, über die wir nur zum Teil berichtet haben.

Er studierte an der Technischen Universität Dresden, wo er 1974 den akademischen Titel Diplom-Physiker erwarb. Bei ihm hatte sich frühzeitig eine egoistische Grundhaltung mit ausgeprägtem Besitzstrebertum herausgebildet, was dazu führte, dass er schon während seines Studiums beschloss, sich durch Straftaten zu bereichern. Er hatte einen gebrauchten Pkw IFA F 9 erworben. Als das Fahrzeug nicht mehr seinen Erwartungen entsprach, begab er sich in der Nacht vom 20. zum 21. Dezember 1974 in Dresden zum Parkplatz Zöllmener

Straße/Ecke Steinbacher Straße. Er brach die Tür eines dort abgestellten Pkw Wartburg 311 auf, der dem VEB Wasserversorgung und Abwasserbehandlung Dresden gehörte. Mit dem gestohlenen Auto fuhr Hinzpeter zum Grundstück seines Großvaters. In einem Schuppen demontierte er den Wartburg, die ausgebauten Gegenstände wie Motor, Getriebe, Achsen, Batterie und das Autoradio Stern-Transit verwandte er für seinen etwa baugleichen Pkw F 9. Die restlichen Teile wie Scheinwerfer, Sitze und Lenkung verkaufte er. Die völlig demontierte Karosserie stellte er auf einem freien Feld bei Dippoldiswalde ab, wo man sie irgendwann fand.

Hinzpeter, ein Bastler vor dem Herrn, wollte sich für seine Pkw-Reparaturen, die er auch für andere durchführte, ein elektrisches Schweißgerät herstellen. Dafür stahl er in der Nacht vom 28. zum 29. April 1978 in Ludwigsfelde auf dem Parkplatz am Mittelganghaus aus einem abgestellten Lkw W 50 des VEB Kraftverkehrs Ludwigsfelde zwei neuwertige Bleiakkumulatoren von 12 Volt/180 Ampere und brachte sie zum Grundstück der Großeltern.

Am 31. Oktober 1975 wurde Hinzpeter vom Kreisgericht Gera-Stadt (Aktenzeichen III S 360/75) wegen wiederholten Diebstahls zum Nachteil des gesellschaftlichen Eigentums zu einer Freiheitsstrafe von einem Jahr und zur Schadensersatzleistung verurteilt; sein Pkw IFA F 9 wurde eingezogen. Das Gericht ahndete damit seine Benzindiebstähle an Tankstellen, über die wir bereits berichteten. Durch Beschluss desselben Gerichts erhielt er am 10. Juni 1976 für den Strafrest eine Strafaussetzung auf Bewährung mit einer Bewährungszeit von einem Jahr.

Nach seiner Haftentlassung konnte er wieder seine Arbeit im Anlagenbau Leipzig aufnehmen und erhielt von seinen Eltern jegliche Unterstützung. Tatsächlich arbeitete er dann in Berlin. Ende 1976 stellte er während eines Aufenthaltes im Postamt 14 in Berlin-Mitte, Wassergasse 1, zufällig fest, dass im Schalterraum eine größere Geldsumme aufbewahrt wird. Sein Plan reifte und wurde zur Tat – zum spektakulären Postraub in der Wassergasse.

Sebastian Hinzpeter wurde im Januar 1986 vorzeitig auf Bewährung aus der Haft entlassen. Wir haben ihn aus den Augen verloren. Aber das Leben bleibt bekanntlich nirgendwo dasselbe, und der Mensch auch nicht. Das können wir gut finden oder nicht.

Hippokratischer Verrat

»Es ist ein Gesetz, dass sich die bizarrsten Geschehnisse als die am wenigsten mysteriösen herausstellen. Es sind die gewöhnlichen, gesichtslosen Verbrechen, die wirklich verwirren, geradeso wie sich ein gewöhnliches Gesicht schwer identifizieren lässt.« Das sagte einst der berühmte Sherlock Holmes in der Meistererzählung *Die Liga der rothaarigen Männer* von Arthur Conan Doyle.

Wir berichten über einen aufsehenerregenden Kriminalfall, und wir sind unentschieden, ob diese vielen bizarren Verbrechen mysteriös waren oder nicht. Wer die Geschichte liest, wird sich sein eigenes Urteil bilden können.

Jedenfalls haben wir es mit einem gewöhnlichen, eigentlich sympathischen Gesicht zu tun, das schwer zu identifizieren war, weil es im Dunkeln nie richtig erkannt worden ist. Unsere Hauptperson hatte auch keine roten Haare, sondern dunkle; man fand einige sogar an einem Tatort.

Und diese Hauptperson handelte nur aus einem Motiv. Es war der Nervenkitzel, es war die vor dem geistigen Auge schon gesehene sexuelle Erregung, die den Menschen immer wieder dazu verleitete, den Plan für ein Verbrechen zu entwerfen. Er freute sich über seine Kreativität, in eine fremde Rolle zu schlüpfen und den Plan immer wieder voranzutreiben. Und es war eine wohlige Erfüllung zu sehen, wie dieser Plan in vielen Fällen dann tatsächlich funktionierte. Aber nicht in allen …

Wir befinden uns in der Stadt Senftenberg, sorbisch

Hauseingang Wilhelm-Pieck-Straße, vom gegenüberliegenden Block aus gesehen

Zły Komorow, in der Niederlausitz rechts der Schwarzen Elster, im Süden des Bezirkes Cottbus und an der Grenze zum Bezirk Dresden. Heute liegt das Städtchen im südlichen Brandenburg nördlich der Landesgrenze zu Sachsen. Viele Sehenswürdigkeiten gab es damals schon nicht, zu erwähnen wären das Schloss (um 1400 erbaut), das Theater der Bergarbeiter, der Heimattiergarten und in der Nähe das Naturerholungszentrum Senftenberger See. Der See ist 13 Quadratkilometer groß und aus dem früheren Braunkohle-Tagebau entstanden. Damit ist schon erzählt, dass seit etwa 1870 rund um Senftenberg in großem Stil Braunkohle gewonnen und Briketts hergestellt wurden, und es verwundert nicht, dass in unserer Geschichte das Bergmannskrankenhaus Klettwitz, das früher Knappschaftskrankenhaus hieß, und der Bergmannsschnaps auftauchen.

Am 18. April 1979 erschien Frau Beate Kunze aus der Wilhelm-Pieck-Straße bei der Kriminalpolizei des

VPKA Senftenberg und berichtete über ein Vorkommnis, das sie in der Nacht zuvor in Angst und Schrecken versetzt hatte. Kriminal-Obermeister Schauer hörte aufmerksam zu und konnte sich doch keinen richtigen Reim auf diese Angelegenheit machen. War es wirklich so, wie die Zeugin erzählte, oder bildete sie sich das nur ein? Gehen jetzt in der heilen Welt von Senftenberg die Verbrecher schon nachts heimlich in Wohnungen und stellen Unheil an? Treibt gar ein Mörder sein Unwesen?

Beate Kunzes emotional vorgetragener Bericht klang für den Polizisten jedenfalls sehr beängstigend. Sie bewohnte seit einem Jahr diese 2-Zimmer-Parterre-Wohnung in der Wilhelm-Pieck-Straße und lebte dort friedlich mit ihrer drei Jahre alten Tochter. Am Vortag sei sie so gegen 22 Uhr zu Bett gegangen, nachdem die Sendung *Der Staatsanwalt hat das Wort* im Fernsehen zu Ende gewesen war. Die kleine Tochter schlief bei ihr im Schlafzimmer, wie in jeder Nacht. Gegen drei Uhr wurde ihre Tochter wach und musste auf die Toilette. Frau Kunze wurde ebenfalls wach und wollte das Licht auf dem Flur anschalten, aber es ging nicht an. Dann hörte sie auf dem Flur ein verdächtiges Zischen, als ob etwas ausströ-

Nahaufnahme des Hauseinganges Wilhelm-Pieck-Straße

men würde. Gleichzeitig nahm sie einen Gasgeruch wahr. In der Küche konnte sie dann trotz der schlechten Beleuchtung durch die Straßenlampen erkennen, dass der Gashaupthahn und sämtliche Hähne des Gasherdes geöffnet waren und Gas ausströmte. In Windeseile schloss sie alle Gashähne.

Beate Kunze öffnete alle Fenster. Als sie das Fenster der Schlafstube öffnen wollte, bemerkte sie beim Wegziehen der Gardine, dass das Fenster angelehnt war. Am Abend zuvor hatte sie allerdings, und das wusste sie ganz genau, das Fenster einen Spaltbreit geöffnet und mit einen Riegel gesichert, damit es nicht durch einen Windzug zuschlagen konnte. Mit Erstaunen stellte sie fest, dass dieser Riegel geöffnet worden war. Anschließend legte sie sich wieder hin.

Am Morgen stand Beate Kunze wie immer auf, und der Tag nahm seinen geregelten Lauf. Sie brachte ihre Tochter in die Kinderkrippe und ging zur Arbeit. Auf Arbeit erzählte sie ihren Kollegen, dass es in ihrer Wohnung keinen Strom mehr gebe. Ein Kollege schaute sich nach Feierabend den Stromausfall an und konnte feststellen, dass die Sicherungen,

Küche mit Gasherd, in Richtung Küchentür gesehen

die sich im Hausflur neben der Wohnungseingangstür befanden, locker gedreht worden waren. Im Badezimmer stellte Beate Kunze noch fest, dass ein Plastiküberzug der Fensterkonsole gebrochen war. Dieser war bis dahin noch heil gewesen, das konnte sie mit Sicherheit sagen.

Beate Kunze gab zudem zu Protokoll, dass sie kaum Besuch empfange und auch keine persönlichen Feinde habe. Irgendjemand musste sich heimlich in ihrer Wohnung aufgehalten haben, und das machte ihr große Angst.

Am 19. April 1979 vermerkte Kriminal-Obermeister Schauer in einem Nachsatz zum Protokoll vom Vortage, dass Beate Kunze mit ihrer Nachbarin über diese Vorfälle gesprochen hatte. Auch bei ihr waren die Sicherungen gelockert worden, so dass sie ebenfalls keinen Strom hatte. Und der sechzehnjährige Sohn der Nachbarin, der zu dem Gespräch dazu kam, sagte, er habe nachts gegen zwei Uhr jemanden aus dem Fenster springen gehört. Er hörte den Aufsprung und dass jemand schnell wegrannte.

Kriminal-Oberleutnant der K Vater und der uns schon bekannte Kriminal-Obermeister Schauer fuhren noch am 18. April 1979 zum Tatort. Das, was Beate Kunze berichtet hatte, war höchst kriminell und außerordentlich beunruhigend. Der Vorgang bekam die Tgb.-Nr. 451/79 des VPKA Senftenberg.

Im *Tatortuntersuchungsprotokoll* vom 18. April 1979 zum versuchten Tötungsverbrechen, denn davon ging man aus, wurde vermerkt, dass »ein bereits schon mehrfach veränderter Tatort vorgefunden« worden war, was nie gut für eine kriminalistische Untersuchung ist. Die

Haustür war mit einem gewöhnlichen Buntbartschloss ausgerüstet, darin befanden sich typische Kratzspuren von einem schlossfremden Werkzeug. Die Eingangstür zur Tatwohnung, parterre links, war ebenfalls mit einem Buntbartschloss versehen, aber mit einem zusätzlich eingebauten Sicherheitsschloss. Hier konnte man keine Spuren von Gewalteinwirkung oder schlossfremden Werkzeugen feststellen. Unter dem Badfenster entdeckten die Kriminalisten 26,5 cm lange und 8 cm breite Vertiefungen, es waren Schuheindrücke. Leider waren aber in den Eindruckstellen keine Absatzkonturen und keine Profilierungen zu erkennen, so dass diese Spuren als unbrauchbar eingestuft werden mussten.

Im *Protokoll über die kriminaltechnische Tatortarbeit* (KP 11 e) lesen wir, dass drei Handflächenabdrücke gesichert werden konnten, und zwar auf dem inneren Fensterbrett des Badezimmers, Griffrichtung schräg zum Fenster (alle mit Rußpulver auf transparenten Folien gesichert). Vergleichsabdrücke von der Wohnungsinhaberin sowie von zwei Verdächtigen (hier ist nicht klar, welche Personen das waren) wurden mit folgenden Fragen ebenfalls an den Sachverständigen geschickt: »Wurden die gesicherten daktyloskopischen Spuren von der Berechtigten verursacht? Wenn nicht, kommt einer der Verdächtigen als Spurenverursacher in Frage?«

Der Auswertungsbericht des Kriminaltechnikers der BDVP Cottbus Oberleutnant der K Hoffmann, Sachverständiger für Daktyloskopie, war ernüchternd. Eine Spur war nicht brauchbar, die beiden anderen von der Wohnungsinhaberin selbst hinterlassen.

Mit Rußpulver sichtbar gemachte daktyloskopische Spuren 1 und 2 auf dem Fensterbrett des Badezimmers

Einen Tag später, am 19. April 1979, erschien Marie Burkhardt, Jahrgang 1928, im VPKA Senftenberg und zeigte eine Straftat an, die eigentlich mehr ein wundersames, aber gefährliches Ereignis der vergangenen Nacht war. Sie wohnte in der Bernhard-Kellermann-Straße in der dritten Etage in einer 2,5-Zimmer-Wohnung, genau in der Wohnung 6. Die Wohnungseingangstür, und die spielt in diesem Fall eine tragende Rolle, war nur mit einem Buntbartschloss gesichert. Außen, also zum Hausflur hin, prangte ein schwarzer Türknopf, und wenn man die Tür zuziehe, so sagte Frau Burkhardt, sei die Tür zwar zu, aber nicht verschlossen.

Der Sohn des Ehepaares Burkhardt war gerade Soldat bei der NVA, die Tochter an jenem Tag bei Bekannten zu Besuch. Am 18. April 1979 um 17 Uhr schaute sich das Ehepaar ein Fußballspiel im Fernsehen an und hat dabei eine Flasche Bergmannsschnaps getrunken. Herbert Burkhardt war normalerweise unter der Woche nicht zu

Übersichtsaufnahme des Wohnblocks in der Bernhard-Kellermann-Straße

Hause, aber er war krankgeschrieben, so dass sie sich einen gemütlichen Nachmittag und Abend machen konnten. Um 20.30 Uhr gingen sie zu Bett, Marie Burkhardt löschte um 20.55 Uhr das Licht. Die Zeit wusste sie so genau, weil sie immer auf den Wecker an ihrem Bett schaute, wenn sie das Licht löschte.

Durch den reichlichen Alkoholkonsum sind die beiden auch schnell und friedlich eingeschlafen. Die Wohnungseingangstür hatten sie nicht verschlossen, weil die Tochter noch nach Hause kommen musste. Sie kam mit dem Bus gegen 21.30 Uhr und klingelte unten. Frau Burkhardt warf ihr die Schlüssel hinunter, und sie unterhielten sich in der Wohnung ein paar Minuten lang, bis endgültig Bettruhe herrschte. Die Tochter ging in ihr Zimmer und klinkte die Tür zu. Das Fenster in ihrem Zimmer war geöffnet und mit dem Sturmhaken gesichert. Alle anderen Fenster der Wohnung waren zu.

Als Marie Burkhardt nun erneut zu Bett ging, ließ sie ihre Schlafzimmertür noch ein Stück offen und stellte eine große Flasche Weichspüler Vernel davor, damit die Tür nicht von allein zugehen konnte. Das machte sie immer so, es sei denn, die Tochter hatte Besuch, da wollte sie natürlich nicht neugierig sein.

Hauseingangstür Bernhard-Kellermann-Straße

Gegen 1.30 Uhr, wir schreiben jetzt also schon den 19. April 1979, stand ihr Ehemann auf, weil er auf die Toilette musste. Danach

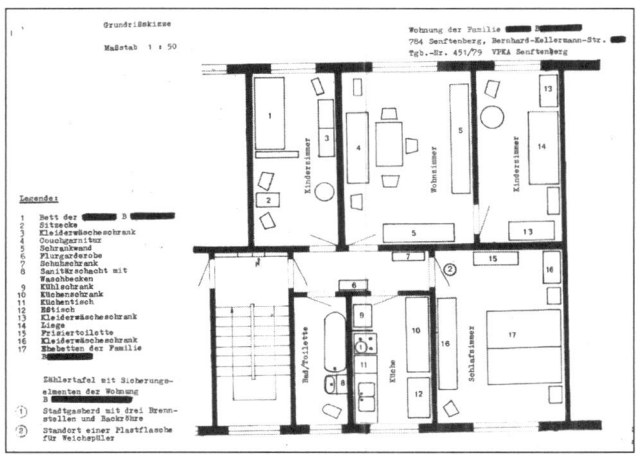

Grundrissskizze der Tatwohnung der Familie Burkhardt im Maßstab 1:50

ging er in die Küche, um etwas zu trinken. Dort betätigte er kurz den Lichtknopf und dann sogleich ein zweites Mal, da er etwas rauschen hörte. Er schrie: »Das Gas, das Gas, das Gas!«

Seine Reaktion war reflexartig, denn er wusste, dass es lebensgefährlich war, bei ausströmendem Gas einen Funken zu erzeugen. Durch das Geschrei schreckte Frau Burkhardt hoch und eilte in den Flur. Sie schrie nun auch: »Was ist mit dem Mädel? Hilfe, Gas, Gas, Gas!« Sie eilte als Erstes in das Zimmer der Tochter, rüttelte sie, und diese gab Gott sei Dank ein Lebenszeichen von sich. Frau Burkhardt riss das Fenster auf, und frische Aprilluft wehte in das Zimmer.

Der Ehemann hatte schon zwei Gashähne geschlossen und riss gerade das Küchenfenster auf, als Frau Burkhardt in die Küche gerannt kam. Es rauschte immer noch laut. Mit schnellen Griffen schloss sie die restlichen Gashähne. Ihr war durch das Rauschen und die Stellung der Hähne sofort klargeworden, dass hier ein Fremder am Werke gewesen sein musste, der ihnen großes Leid zufügen wollte. Aber wer? Und vor allen Dingen: Warum?

Dann alarmierte sie noch einige Nachbarn, denn es konnte ja sein, dass auch in anderen Wohnungen ein solches Verbrechen begangen worden war. Aber dem war nicht so, so dass alle wieder ins Bett gingen. Aber so richtig schlafen konnte Familie Burkhardt natürlich nicht. Zuvor hatten sie noch alle Fenster geschlossen, bis auf das Schlafzimmerfenster der Eltern und das der Tochter, die aus Angst zu ihnen ins Ehebett kam.

Im Bett überlegte Herbert Burkhardt dann laut, dass er

den Lichtschalter zwar betätigt habe, aber das Küchenlicht ja gar nicht angegangen sei. Jetzt drückte er auf den Knopf der Nachttischlampe – es blieb dunkel. Sie hatten sich also bisher im Schein der Straßenlaternen orientiert. Er bewaffnete sich mit einer Taschenlampe, die an seiner Bettseite stand, und ging in den Hausflur zum Sicherungskasten. Die Sicherungen waren drin, aber locker geschraubt. Er drehte sie wieder fest, und die Wohnung hatte wieder Strom. Trotz der dunklen Ereignisse wurde es wieder hell bei den Burkhardts.

Von Herbert Burkhardt am 19. April 1979 um 1.30 Uhr vorgefundene Situation am Gasherd mit der geöffneten Backröhre und den vier geöffneten Gashähnen

Sicherungskasten im Hausflur der dritten Etage. Der Pfeil markiert die zur Wohnung Burkhardt gehörende Zählertafel.

Die Familie diskutierte die Ereignisse weiter und machte noch mehr beängstigende Feststellungen. Das Fenster im Zimmer der Tochter war nach dem Gasangriff verschlossen, obwohl sie es vor dem Zubettgehen geöffnet hatte, die Zimmertür stand hingegen weit offen, obwohl sie sie mit Sicherheit geschlossen hatte. Es sah so aus, als ob jemand Fremdes die Absicht hegte, das Mädchen mit Gas umzubringen.

Die Schlafzimmertür der Eltern war jedoch zu gewesen, als Herbert Burkhardt auf die Toilette gegangen war. Er fragte seine Frau nun, warum sie die Tür zugemacht habe, und sie antwortete, dass die Tür wie immer einen Spalt offen gestanden habe und mit der Weichspülerflasche gesichert gewesen sei. Sie konnte der Polizei aber nicht erklären, wo sich diese Flasche unmittelbar nach den Vorfällen befand. Vermutlich hat sie sie wohl am Tag danach ins Bad gestellt.

Marie Burkhardt fragte sich, wer ein Interesse daran haben könnte, sie und ihre Familie umzubringen. Wenn ihr Mann durch den getrunkenen Alkohol nicht noch einmal zur Toilette hätte gehen müssen, wären sie wahrscheinlich umgekommen, denn die Burkhardts schliefen in der Regel fest und bis zum Morgen durch.

Beschädigungen des Schlosses an der Wohnungseingangstür von außen konnte ihr Mann nicht feststellen. Er versuchte auch nicht, die Tür zu verschließen, weil er damit vielleicht Spuren am Schloss vernichtet hätte. Das wusste er aus den Kriminalfilmen.

Leutnant der K Zavarkó, der die Aussage von 7.40 bis 8.45 Uhr entgegennahm, wollte noch wissen, warum Marie Burkhardt so genau wusste, dass ihr Mann um 1.30 Uhr zur Toilette gegangen war. Sie gab an, dass sie nach circa 20 Minuten, als die ganze Aktion zu Ende war, auf die Uhr geschaut habe. Da war es 1.50 Uhr. Daraus schloss sie, dass es ungefähr 1.30 Uhr gewesen sein musste, als die kriminellen Ereignisse entdeckt worden waren.

Auch Herbert Burkhardt, Jahrgang 1925, wurde am selben Tag zu den Vorfällen gehört; er bestätigte sämtliche Aussagen seiner Ehefrau, ebenso die Tochter, die die Folgen des verbrecherischen Anschlags erst am 28. Juni 1979 detailliert beschrieb.

Im *Protokoll über die kriminaltechnische Tatortarbeit* vom 25. April 1979, ebenfalls Tgb.-Nr. 451/79, lesen wir, dass die Wohnungseingangstür der Familie Burkhardt mit einem schlossfremden Werkzeug geschlossen wurde und die Tür des Sicherungskastens im Hausflur nicht verschlossen war. Das lässt schon erahnen, was vor sich gegangen sein könnte.

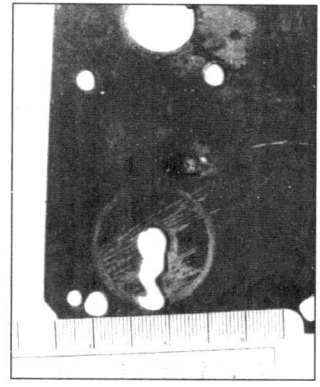

Die Innenseite des Schließblechs mit angelegtem Maßstab nach Ausbau des Buntbartschlosses. Frische Kratzspuren im Bereich des Schlüsselbartkreises sind deutlich erkennbar.

Fotografisch gesichert wurden Schartenspuren von diesem schlossfremden Schließwerkzeug auf dem Gehäusedeckel im Schlüsselbartkreis der Wohnungseingangstür. Das Schloss konnte nicht ausgebaut werden, da kein Ersatzschloss zur Verfügung stand. Der Tatort war so verändert, dass keinerlei Finger- oder Handabdrücke (daktyloskopische Spuren) gesichert werden konnten. Und das war, kriminaltechnisch gesehen, sehr bedauerlich.

Am 26. April 1979 schlug die Direktorin einer Polytechnischen Oberschule in Senftenberg um 7.30 Uhr telefonisch bei der Kriminalpolizei Alarm und zeigte ein versuchtes Tötungsverbrechen an. Ihre Schülerin Melanie Meyerbeer, geboren 1968, hatte sie zu Unterrichtsbeginn angesprochen und erzählt, dass sie in der Nacht in ihrer Wohnung in der Bertolt-Brecht-Straße überfallen worden sei. Die Mutti sei auf Nachtschicht, und der Vati auch nicht zu Hause gewesen. Das Mädchen habe im Schlafzimmer der Eltern im Ehebett geschlafen. Im Schlaf habe ihr jemand ein Kopfkissen auf den Kopf gedrückt und sie anschließend gewürgt. Die Direktorin versicherte am Telefon, dass noch immer Würgemale am Hals des Kindes zu sehen seien.

Oberleutnant der K Engelhardt fertigte daraufhin eine Anzeige mit der Tgb.-Nr. 469/79 wegen des Verdachts eines Tötungsverbrechens, § 112 Abs. 1 und 3 StGB, und leitete Sofortmaßnahmen ein.

In der Zeit von 8.30 bis 10.30 Uhr wurde Melanie in der Schule aufgesucht und gehört. Sie gab an, in der Bertolt-Brecht-Straße in einer 2,5-Zimmer-Wohnung in der vierten Etage zu wohnen. Ihre Eltern waren geschieden. Die Mutter arbeitete in Schichten als Maschinistin. Sie ging um 20.30 Uhr zur Nachtschicht, der Vater war nicht zu Hause. Wenn ihre Mutter die Wohnung verließ, zog sie die Tür zu, schloss aber nie ab. So war es auch an jenem Abend gewesen. An der Wohnungstür befand sich ein sehr einfaches Schloss.

Als sie gegen drei Uhr nachts plötzlich ein Kissen auf ihrem Gesicht spürte, dachte sie im Halbschlaf, ihre Mutter sei schon nach Hause gekommen. Im nächsten Moment wurde das Kissen aber ganz fest auf ihr Gesicht gedrückt. Melanie war hellwach und in großer Angst. Sie versuchte zwar zu schreien, aber durch das Kissen war das nicht möglich. Sie wollte sich zur Seite drehen, aber auch das ging nicht. Der Fremde saß auf ihren Oberschenkeln! Dann gelang ihr doch ein Schrei – und gleich darauf wurde ihr ganz fest der Hals zugedrückt. »Ich hatte den Eindruck«, sagte Melanie aus, »dass mich jemand mit beiden Händen fest am Hals würgte, und ich habe auch keine Luft mehr bekommen.«

Ob das Kissen zu diesem Zeitpunkt noch auf ihr Gesicht gedrückt war, konnte sie nicht mehr sagen. In großer Verzweiflung hatte sie dem Unbekannten dann in die Haare gegriffen. Das Kissen verdeckte nicht mehr ganz ihre Augen, so dass sie die Haare des Mannes sehen

Teilübersichtsaufnahme des Wohnblocks in der Bertolt-Brecht-Straße

konnte. Sie glänzten, als ob sie fettig wären, und sie waren dunkel. Durch das schlechte Licht der Straßenlaterne, das durchs Fenster schien, konnte Melanie nur erahnen, dass er dunkelbraune bis schwarze Haare hatte. Sie waren ihm ins Gesicht gefallen und hatten ungefähr die Länge, dass sie nach vorn gekämmt bis zur Nase reichten. Ihr wurde klar, dass das nur ein Mann sein konnte. Eine solche Frisur trug keine Frau!

Obwohl Melanie sehr kräftig an seinen Haaren zog, gab der Mann keinen Ton von sich. Es musste ihm aber sehr weh getan haben, da war sie sich sicher. Dann versuchte sie wieder, sich wegzudrehen und mit den Armen zu rudern. Melanie gab an, danach besinnungslos geworden zu sein. Nach drei Uhr erwachte sie; sie schaute auf die Uhr.

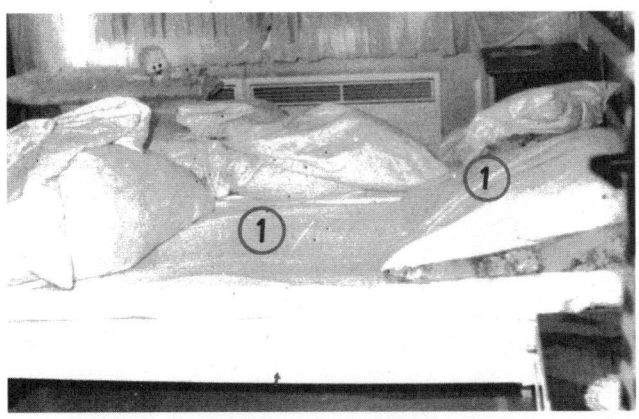

Im vorderen, mit Pfeil markierten Bett schlief Melanie Meyerbeer. Auf dem dazugehörenden Bettlaken sowie dem Kopfkissenbezug wurden die mit Spur 1 bezeichneten Haare gesichert.

Sie war schlapp und hatte große Angst, dass der Mann wiederkäme. Sie sah nach, ob sich noch jemand in der Wohnung befand und ob die Wohnungstür verschlossen war. Sie fand zwar niemanden, aber das beruhigte sie keineswegs. Sie lief in der Wohnung hin und her. Dann ging sie wieder ins Bett und las, bis ihre Mutter gegen 5.15 Uhr von der Nachtschicht nach Hause kam.

Melanie erzählte ihrer Mutter von den Vorfällen, aber die meinte, sie habe nur geträumt. »Zu uns kommt doch keiner in die Wohnung«, sagte die Mutter. »Du hast dir bestimmt selbst den Hals zugedrückt.«

Damit war der Fall für sie erledigt, und die Tochter ging zur Schule wie an jedem anderen Wochentag.

Melanie gab in ihrer Zeugenvernehmung noch an, dass sie durch das Würgen am Hals rote Flecken und Kratzer bekommen habe, auch im Gesicht von der Stirn bis zum Kinn verstreuten sich mehrere rote Flecken. Ihre Mutter entdeckte dann noch hinter dem rechten Ohr einen blauen Fleck.

Die Kriminalisten fanden auf dem Bettlaken einige dunkle Haare. Am Fußende des Lakens befand sich auch ein Schmutzfleck, der vor dem Überfall nicht da gewesen war.

Die Schlafzimmertür stehe immer einen kleinen Spalt offen, gab Melanie auf Fragen der Kriminalisten Leutnant der K Zavarkó und Kriminal-Obermeister Schauer an. Als sie nach der Besinnungslosigkeit erwacht war, habe die Tür aber weit offen gestanden. Also musste ein Fremder in der Wohnung gewesen sein.

Melanies Mutter wurde später noch separat gehört.

Sie meinte in ihrer Vernehmung vom 9. Mai 1979, ihre Tochter habe völlig verstört und weinend in der geöffneten Wohnungstür gestanden, als sie von der Nachtschicht nach Hause kam. Sie habe in der Tat zu ihrer Tochter gesagt, dass sie das vielleicht alles nur geträumt habe. Aber bei hellem Licht besehen, war die Mutter sehr erschrocken, weil das Gesicht des Kindes lila verfärbt war. Am Hals waren Druckstellen und zwei Kratzer zu sehen. Daraufhin habe sie mit ihrer Tochter zum Arzt gehen wollen, weil sie sich nicht vorstellen konnte, wie die Verfärbung im Gesicht zustande gekommen war, gab Frau Meyerbeer an. Aber Melanie habe unbedingt zur Schule gehen wollen, weil sie an diesem Tage eine Klassenarbeit schrieben, die sie nicht versäumen wollte. Sie gab aber schon zu, dass sie etwas schlapp gewesen sei und ihre Beine gezittert hätten.

Die Mutter bemerkte, dass das hintere Ehebett an der Seite etwas eingedrückt und das Kissen vom hinteren Bett hervorgezogen war und am Kopfende zwischen den beiden Betten lag.

Melanie wurde noch am 26. April 1979 in der Betriebspoliklinik des VEB Braunkohlekombinats Senftenberg in der Dorothea-Christiane-Erxleben-Straße gynäkologisch untersucht. Das äußere Genital war ohne Befund, es gab auch keinerlei Kratz- oder Berührungspunkte im Bereich des Unterbauches und der Beine. Der Arzt stellte fest, dass keine Handlung im Bereich der unteren Geschlechtsorgane vorgenommen worden waren. Punktförmige Hautblutungen sowie Kratzspuren und geringe Schürfungen an der rechten mittleren Vorderseite des Halsbereichs, circa

4 cm lang und 1 bis 2 cm breit, konnten festgestellt werden, beidseitige punktförmige Blutungen auch im Bereich des Gesichtes mit stärkster Ausbildung im Augen- und Stirnbereich. Beide Ohrmuscheln und etwa 3 bis 4 cm des Haarbereiches waren mit einbezogen worden. Im Bereich der Halswirbelsäule des Kindes befanden sich etwa zwischen dem 4. und 6. Wirbel drei ganz feine Schürfungen von 0,5 bis 1 cm Länge. Auch ein Zungenbiss auf beiden Seiten, circa 3 cm von der Zungenspitze entfernt, wurde bei genauer Untersuchung entdeckt.

Aufgrund der am 26. April 1979 erhobenen Befunde reichte ein Facharzt für Gynäkologie und Geburtshilfe am 11. Juli 1979 auftragsgemäß ein Gutachten nach. Er formulierte abschließend: »Es handelt sich also um einen schweren Würgeversuch, der zweifelsohne zu der Bewusstlosigkeit des Mädchens führen musste.«

Die Untersuchung der Wohnung, am 26. April 1979 in der Zeit von 9 bis 11 Uhr, gestaltete sich insgesamt schwierig. Oberleutnant der K Vater von der Kriminaltechnik vermerkte auf dem *Protokoll über kriminaltechnische Tatortarbeit* (KP 11 e), dass der Tatort verändert vorgefunden wurde: »Die Bettwäsche war bereits abgezogen und ausgeschüttelt worden.«

Immerhin konnte ermittelt werden, dass das Buntbartschloss der Wohnungseingangstür frische Kratzspuren aufwies, die durch ein fremdes Schlosswerkzeug verursacht worden waren. Damit war klar, dass sich der Täter mit einem Sperrhaken oder ähnlichem Werkzeug Zutritt verschafft hatte.

Trotz der widrigen Umstände sicherte der Oberleutnant der K Haare auf dem Kopfkissenbezug und dem Bettlaken der Geschädigten sowie daktyloskopische Spuren auf der Innenseite des Rahmens vom Schlafzimmerfenster mit Rußpulver und transparenter Folie. Vergleichsspuren lieferte er dem Labor gleich mit: Kopfhaare des Kindes und Fingerabdrücke der Mutter. Die Fragen an die Sachverständigen lauteten:

Wurden die daktyloskopischen Spuren von der Berechtigten verursacht?

Stammen die Haare von der Geschädigten?

Sind unter den gesicherten Haaren welche dabei, die von einem Mann stammen?

Sind diese ausgerissen?

Welche Blutgruppeneigenschaften sind an den Haaren nachweisbar, die von einem Mann stammen?

Ein Gutachten des Kriminalistischen Instituts der Deutschen Volkspolizei vom 9. Mai 1979 erbrachte keinerlei zweckdienliche Ergebnisse, was die Untersuchung der eingesandten Haare betraf.

Am 26. April 1979 wurde dann in der K-Dienststelle des VPKA Senftenberg unter der Tgb.-Nr. 451/79 die Einleitung eines Ermittlungsverfahrens gem. § 98 StPO gegen unbekannt verfügt. Zu den Gründen wurde ausgeführt:

Ein unbekannter Täter wird verdächtigt, sich des versuchten Mordes schuldig gemacht zu haben, indem er am 18.04.1979 in eine Wohnung, Wilhelm-Pieck-Straße ..., in Senftenberg und am 19.04.1979 in eine Wohnung in Senftenberg, Kellermann-Straße ..., eindrang und die Gashähne der Herdanlage öffnete, so dass Stadtgas in die Wohnung entströmte. Der Verdacht des versuchten Mordes ist gegeben, da diese Tat während der Nachtzeit ausgeführt wurde und dabei insgesamt 5 Personen der Gefahr der Gasvergiftung ausgesetzt waren.

Weiterhin trat am 26.04.1979 gegen 3 Uhr ein unbekannter Täter in Senftenberg, Bertolt-Brecht-Straße auf, indem er das sich allein in der Wohnung befindliche Kind Melanie Meyerbeer, geb. 1968, bis zur Bewusstlosigkeit am Hals würgte.

Geschädigt wurden Beate Kunze, geb. 1951, wohnhaft in Senftenberg, Wilhelm-Pieck-Straße und andere.

Strafbar gem. § 112 Abs. 1 und 3 StGB.

Eine Personenbeschreibung wurde auch mitgeliefert. Der Täter war circa 170 cm groß, zwischen 15 und 25 Jahre alt und hatte eine schlanke Gestalt. Sein Haar war dunkel und mittellang. Auch das Gesicht war schmal. Man kann sich vorstellen, dass mit einer derartig allgemeinen Personenbeschreibung, die auf Tausende junge Männer im Raum Senftenberg zutraf, nicht sehr viel anzufangen war.

Die drei Fälle, über die wir ausführlich berichtet haben, waren nur ein Teil des Szenarios, das für große Unruhe sorgte. Senftenberg war in Aufruhr! Aufgeregte Bürger zeigten immer neue Fälle bei der Volkspolizei an. In der Bevölkerung wurde nur noch vom »Gasmann« oder vom »Würger« gesprochen, und wenn sich Leute auf der Straße begegneten, gab es kaum ein anderes Thema.

In einer *Information über ein besonderes Vorkommnis in der Kreisstadt Senftenberg* informierte der Bezirksstaatsanwalt bereits am 27. April 1979 über diese Straftatenserie per Fernschreiben. Darin heißt es:

Seit dem 18. April 1979 dringt ein unbekannter Täter zur Nachtzeit mittels schließfremden Werkzeugs und durch offenstehende Fenster in Senftenberg in Wohnungen ein, bisher sind zehn derartige Fälle bekannt.

In zwei Wohnungen öffnete er die Hähne von dreiflammigen Gasherden und die Hähne der Backröhren, so dass Stadtgas ausströmen konnte. In einem dieser Fälle waren zwei Personen, und in dem anderen Fall drei Personen in den betreffenden Wohnungen anwesend.

In einem weiteren Fall traf der Täter ein allein in der Wohnung befindliches zehnjähriges Kind an, dem er zunächst ein Kopfkissen über den Kopf warf. In den übrigen sieben Fällen ist der Täter gestört worden, so dass er sofort die Flucht ergriff.

Tatzeiten: 18. April 1979 – vier Handlungen, 19. April 1979 – eine Handlung, 24. April 1979 – eine Handlung, 26. April 1979 – vier Handlungen.

Zur Aufklärung ist eine Einsatzgruppe der VP gebildet worden.

Kreisstaatsanwalt ist informiert und wirkt mit.

Im Rahmen des eingeleiteten Brennpunktes »Wohnungen« wurden Observationsmaßnahmen durchgeführt, in die alle Mitarbeiter der Arbeitsrichtung I der Kriminalpolizei integriert wurden, wie aus einem Papier des VPKA Senftenberg, Abt. K/Kommissariat I vom 10. Juli 1979 hervorging. Hier hieß die Kriminalakte »Einsteiger«.

In einem *Aktenvermerk* des Kreisstaatsanwaltes Senftenberg (AZ 133-73/79) vom 22. Mai 1979 wurde berichtet, dass bis zum 30. April 1979 schon 23 verschiedene Personen in insgesamt 17 Fällen vermutlich vom selben Täter belästigt worden waren. Dabei zeigte sich, so der Kreisstaatsanwalt, dass

1. *der Täter keinen bestimmten Rhythmus in seinen Straftatendurchführungen hat,*
2. *das Motiv bei den Handlungen völlig unklar bleibt,*
3. *der Täter überwiegend parterre gelegene Wohnungen bevorzugt (insgesamt siebenmal Parterre und einmal 1. Etage),*
4. *der Täter bei seiner Arbeitsweise grundsätzlich vorher die Sicherungen entfernt, um so ein Entdecken durch plötzliches Lichtanmachen zu verhindern (Letzteres Vermutungen),*
5. *der Täter in den Wohnungen durch Einsteigen bei geöffnetem Fenster bzw. Nachschlüssel bzw. Abschrauben der Schließbleche und danach Öffnen der Türen eindringt,*
6. *im Fall der Bürger Kunze und Burkhardt (18. bzw. 19. April 1979) hat in jedem Fall der unbekannte Täter sämtliche Gashähne des Gasherdes in der Küche geöffnet, um so Gas in die Wohnung ausströmen zu lassen.*
7. *Sämtliche Handlungen werden durch den Täter während der Nachtzeit durchgeführt.*
8. *Im Falle der zehnjährigen Melanie Meyerbeer (26. April 1979) versuchte der Täter, nach Eindringen in die Wohnung das Kind zunächst zu würgen, er legte ihm später ein Kopfkissen auf das Gesicht, um so eine Erstickung herbeizuführen. Als das Kind besinnungslos wurde, ließ er von ihm ab und flüchtete.*

9. *In zwei Fällen konnten Schuhspuren und in vier Fällen Fingerspuren, in einem Fall Haarspuren gesichert werden. Diese Spuren wurden zwar zur Auswertung gesandt, es konnten aber dafür unter den bisher Tatverdächtigen keine Bezugspersonen ermittelt werden.*
10. *Sämtliche Handlungen beschränken sich auf das Senftenberger Alt-Neubaugebiet, d. h. im Bereich Külz-, Becher-, Pieck-, Nuschke- und Fürnberg-Straße sowie Kellermann-Straße. Andere Wohngebiete sind von diesen Handlungen nicht betroffen.*

Nach dieser Gesamtbeschreibung zählte der Kreisstaatsanwalt sämtliche Taten mit Ort und Zeit auf. Für die Fürnberg-Straße in der Nacht vom 29. zum 30. April 1979 liest sich das so: »Täter versucht in die Wohnung mittels Werkzeug einzudringen, wird dabei durch Wohnungsinhaber gestört und flüchtet.«

Und der Kreisstaatsanwalt fügte hinzu, dass seit dem 30. April derartige Erscheinungen, die im Zusammenhang mit dem Unbekannten stehen, nicht mehr aufgetreten sind: *Unter Beachtung der getroffenen Festlegungen wurde eine Einsatzgruppe gebildet. Es wurde gleichzeitig eine Überprüfung der in Frage kommenden Personen angeordnet, die bisher ergebnislos verlief. Unter Beachtung der aufgrund der gesicherten Haare festgestellten Blutgruppe wird nunmehr eine Überprüfung aller tatverdächtigen Personen nach Blutgruppe AB veranlasst. Dazu werden auch alle bei der NVA befindlichen Tatverdächtigen, die im April 1979 eingezogen worden sind, mit einbezogen.*

In der Nacht vom 30. zum 31. Mai 1979 liefen Hauptwachtmeister der VP Konrad und Oberwachtmeister der VP Hannawald in Senftenberg Streife. Und obwohl der »Gasmann« oder der »Würger« noch immer nicht ins Visier der Ermittler gekommen war, hatten die beiden den Eindruck, dass es eine ruhige Schicht werden würde. Es gab fast gar kein Verkehrsaufkommen, keine Falschparker, keine lärmenden Alkoholiker, also keine Gründe zum Einschreiten. Die Straßen waren wie leergefegt. Es schien so, als würde es ein ganz normaler Streifendienst werden.

Als sie um 00.45 Uhr in die Bernhard-Kellermann-Straße kamen, änderte sich dies schlagartig. Sie beobachteten aus der Ferne, wie ein Mann versuchte, durch ein offen stehendes Fenster ins Parterre einzusteigen. Zur Rede gestellt, erklärte der junge Mann, dass er dort nicht wohne, er habe nur irrtümlich angenommen, dass dort eine Bekannte von ihm wohne. Das waren sehr verdächtige Aussagen und Grund genug für eine vorläufige Festnahme durch die Deutsche Volkspolizei, weil beim Antreffen auf frischer Tat Gefahr im Verzug besteht und nicht auszuschließen war, dass der Verdächtige in der Vergangenheit bereits ähnliche Straftaten begangen hatte.

Der vorläufig Festgenommene hieß Karlheinz Blaurock und arbeitete als Arzt im Bergmannskrankenhaus Klettwitz westlich von Senftenberg.

Natürlich wurde der vorläufig Festgenommene durchsucht. Gefunden wurden ein Vierkantschlüssel, ein 9 cm langer Sperrhaken, drei Zylinderschlossschlüssel, ein Buntbartschlüssel, ein Schlüssel für eine Einbausicherung, eine Bindeschnur mit etwa 5 mm Durchmesser und

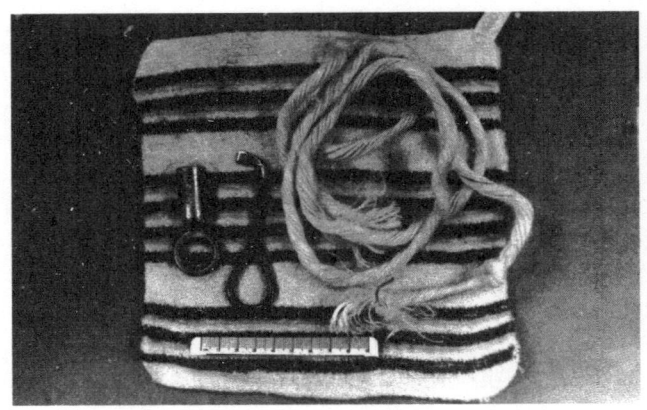

Lichtbildaufnahme von den beschlagnahmten Gegenständen, die Karlheinz Blaurock bei der vorläufigen Festnahme bei sich trug

129 cm lang, ein Waschlappen, rot-gelb-blau gestreift und 20 mal 20 cm groß, eine rote Schlüsseltasche mit Ornamenten und Reißverschluss. Diese Gegenstände wurden beschlagnahmt, was die Strafkammer des Kreisgerichts Senftenberg am 1. Juni 1979 als rechtens bestätigte.

In der Wohnung des Festgenommenen wurden noch Schuhe, Nachschlüssel und artfremdes Schließwerkzeug (wohl nicht zur Wohnung gehörend) beschlagnahmt. Später kamen zu dieser Sammlung noch ein Hammer in einem Einkaufsbeutel, der von einer aufmerksamen Bürgerin in der Bernhard-Kellermann-Straße gefunden worden war, und eine Kombinationszange hinzu, die die Ehefrau des Beschuldigten freiwillig herausgegeben hatte.

Nachdem also ein Verdächtiger ermittelt worden war,

wurde am 31. Mai 1979 das Ermittlungsverfahren mit fast gleichlautendem Text wie bei der ersten Verfügung eingeleitet, nun aber gegen bekannt. Es hatten sich viele Anzeigen gehäuft, die auf den ersten Blick Karlheinz Blaurock zugeordnet werden konnten, aber bewiesen war damit noch nichts. Die Senftenberger Kriminalisten wussten, dass die berühmten W-Fragen zum Grundwissen gehörten und nicht nur für Meldungen im Rahmen des Ersten Angriffs von enormer Bedeutung waren, sondern für die gesamte, manchmal lang andauernde Ermittlungsstrecke. In der kriminalistischen Literatur gab es verschiedene Auffassungen von diesen W-Fragen; eine gute Struktur bilden die folgenden:

Wann?	Zeit des Eintritts des Ereignisses
Wo?	Ort des Ereignisses
Wer?	Verursacher des Ereignisses, Beteiligte
Was?	Art des Sachverhaltes
Wie?	Ablauf des Ereignisses, Begehungsweise
Womit?	Tatwerkzeuge und -mittel, angewendete Methoden
Wer geschädigt?	Personalien des Opfers / Geschädigten, Schaden und Auswirkungen des Ereignisses

Was veranlasst?	Maßnahmen, die vor Ort eingeleitet wurden
Wer meldet?	Person vor Ort, die den Sachverhalt aufnimmt

Aber es ging auch in einer anderen Reihenfolge. In der Kurzfassung sagten sich manchmal die Kriminalisten: Wer hat was wo wann wie und warum getan? Wenn man alle Fragen in allen vorliegenden Fällen beantworten konnte, war man am Ende der Untersuchung angelangt, und dann sollten alle Verbrechen aufgeklärt worden sein. Aber dieses Ende war in Senftenberg noch lange nicht in Sicht. Ein hartes Stück Arbeit lag vor allen beteiligten Kriminalisten, Polizisten, Sachverständigen, Zeugen, dem Staatsanwalt und dem Richter. Und natürlich auch vor dem Beschuldigten Karlheinz Blaurock.

Folgerichtig wurde nun aus der vorläufigen Festnahme die richtige Verhaftung des Beschuldigten, damit er sich der Untersuchung nicht entziehen konnte. Das geschah ebenfalls am 31. Mai 1979. Richter Hünemohr vom Kreisgericht Senftenberg ordnete per Haftbefehl die Untersuchungshaft für Karlheinz Blaurock an. Bei der richterlichen Vernehmung gestand der Beschuldigte weitere Straftaten ein, so dass Richter Hünemohr zusätzlich zu den Tatvorwürfen formulieren konnte: »Aus seiner Vernehmung ergibt sich der Verdacht weiterer strafbarer Handlungen ... Die Anordnung der Untersuchungshaft ist gemäß § 127 Abs. 1 Ziff. 1 und 3 StPO gesetzlich begründet, weil er einmal die Handlungen zugibt und er ferner am 31.05.1979 in der Bernhard-Kellermann-Straße erneut auf frischer Tat gestellt worden ist.«

In dieser richterlichen Vernehmung äußerte sich Blaurock so zur Sache: »Ich wiederhole inhaltlich die Fakten, die in meiner Vernehmung niedergelegt sind. Ich habe ihnen nichts Neues hinzuzusetzen. Sie treffen zu. Ich betone nochmals, dass es nicht meine Absicht war, Menschen umzubringen, als ich die Gashähne öffnete. Die im Haftbefehl dargelegten Fakten treffen ebenfalls zu ... Ich beantrage als Zeugin zu vernehmen Frau Kubitschek, Sekretärin im Krankenhaus, die über meinen psychischen Zustand in der letzten Zeit Aussagen machen kann.«

Die ersten Vernehmungen am 31. Mai 1979 in der Zeit von 10 bis 18 Uhr durch einen Oberleutnant der K des VPKA Senftenberg, dessen Namen wir nicht ermitteln konnten, verliefen befriedigend. Der Beschuldigte machte den vorsichtigen Versuch, ein Geständnis abzulegen.

Uns liegen zwei Protokolle vom Anfang der Untersuchung vor. Im ersten berichtet Karlheinz Blaurock über seine persönlichen Verhältnisse. Sein Vater war Fachschuldozent, seine Mutter arbeitete als stellvertretende Abteilungsleiterin. Sein Abitur machte er auf der Erweiterten Oberschule Immanuel Kant in Berlin-Lichtenberg – mit Auszeichnung. Er war also ein pfiffiges Kerlchen. Bis 1978 studierte er Medizin im Bereich Charité der Humboldt-Universität zu Berlin, wohnte von 1973 bis 1978 im Studentenheim in der Coppistraße, sozusagen mit Studenten der Sektion Kriminalistik unter einem Dach. Als Assistenzarzt wurde er nach dem Studium im Bergmannskrankenhaus Klettwitz zeitweise als Stationsarzt eingesetzt. Seit 1976 arbeitete er mit seiner Ehefrau an einer gemeinsamen Dissertation A zum Dr. med., zum Zeitpunkt seiner Verhaftung standen sie kurz vor der Fertigstellung.

Karlheinz Blaurock war seit 1975 verheiratet; seine Frau hatte er im Medizinstudium kennengelernt. Aus dieser Ehe war ein Kind hervorgegangen. Das Familienleben bezeichnete er in seiner ersten Vernehmung als geordnet, was auch immer das heißen mag. Beim Sexualleben kam er vorsichtig auf entscheidende Punkte, wobei er seiner Ehefrau ein geringes sexuelles Bedürfnis attestierte. Durch Aussprache habe sich ihr Verhältnis aber gebessert, gab er weiterhin an.

Vom Vernehmer auf Schwierigkeiten angesprochen, verwies er auf das Krankenhaus Klettwitz, wo zwischen der Stationsschwester und ihm erhebliche Probleme aufgetaucht waren. Sie pflegten ein angespanntes Verhältnis. Diese Stationsschwester möge ihn nicht, weil er noch jung sei und es noch nicht verstanden habe, sich »den Gepflogenheiten der Stationsschwester« anzupassen. Als Beispiel führte er an, dass der Stationsschwester seine Visiten zu lange dauerten, ihr seine Aufnahmeuntersuchungen viel zu gründlich seien, was ja eigentlich für die Patienten besser war. Es habe schon Aussprachen mit dem Oberarzt gegeben, aber klare Verhältnisse seien dadurch nicht geschaffen worden.

Im zweiten Vernehmungsprotokoll wurde Karlheinz Blaurock etwas konkreter, war er teilweise geständig. Im Einzelnen gab er die folgenden Delikte zu: Zum Verhängnis geworden war ihm die Nacht vom 30. zum

31. Mai 1979. Bezeichnenderweise hatten sich Blaurock und seine Ehefrau den Fernsehfilm *Die Verlockung* angesehen, und es kam danach im Ehebett zum Geschlechtsverkehr, wovon er auch befriedigt war. Immer noch vom Film angeregt, grübelte er aber, hatte Kopfschmerzen und konnte nicht einschlafen. So stand er gegen 23.30 Uhr auf, zog sich an und verließ die Wohnung. Zunächst wollte er nur die Wohnkomplexe 30 und 31 ablaufen, um seine inneren Spannungen abbauen zu können. Dann schritt er aber wieder zur verwerflichen Tat, wie er es schon einige Male zuvor gemacht hatte. Er wollte unbefugt in eine Wohnung eindringen. Ziellos lief er in der Gegend herum, traf dabei die beiden Streifenpolizisten, wich ihnen jedoch aus. Wäre er nur nach Hause gegangen! Aber nein, die Suche ging weiter.

In der Bernhard-Kellermann-Straße wurde er fündig. Nachdem er vergeblich versucht hatte, mittels Sperrhaken in eine Wohnung zu kommen, fand er auf der Rückseite des Gebäudes ein Fenster im Parterre, das offen stand. Er schob die Stores etwas zur Seite, um zu sehen, wer sich in diesem Zimmer befand. Aus Angst stieg er aber nicht ein. Danach wurde er vorläufig festgenommen, da ihn die Volkspolizisten beobachtet hatten.

Zu den Motiven befragt, gab Karlheinz Blaurock zu Protokoll, er habe sich weiter sexuell befriedigen wollen und sich erhofft, in den Wohnungen weibliche Personen anzutreffen und sie berühren zu können. Im Zimmer hinter dem Fenster, das hatte er schon ausgekundschaftet, wohnte eine Frau.

Begonnen hatte alles im Januar 1979. Er hatte sich aus

der in der Nähe befindlichen Kaufhalle Obststiegen besorgt, auf die er kletterte, um in die Fenster von Parterrewohnungen hineinzuschauen. Er suchte Frauen; ungefähr fünfmal beobachtete er diese, belästigte sie aber nicht weiter. Seine »Streifenzeit« lag zwischen 23 und 1 Uhr, und er bewegte sich in den schon genannten Wohngebieten 30 und 31 und orientierte sich an den Hausfluren. Standen Schuhe von Frauen allein vor den Wohnungstüren? Wenn ja, war das das Signal für ihn.

Noch Ende Januar 1979 schritt er dann in der Wilhelm-Külz-Straße zur Tat. Links in der ersten Etage eines Hauses sah er ein Paar Damenpantoletten in dunkelblauer Farbe. Er drehte die Sicherungen locker, die sich damals noch im Hausflur befanden. Mit einem Sperrhaken öffnete er die Wohnungstür und schlich durch das Wohnzimmer in die Schlafstube. Dort schlief eine jüngere Frau. Er ging an ihr Bett, fasste unter die Decke und berührte die Frau an den Oberschenkeln. Das Opfer wachte auf, schrie um Hilfe und riss ihm seine Fellmütze vom Kopf. Er holte sich die Mütze zurück und verließ fluchtartig die Wohnung.

Im April 1979 steigerten sich seine Aktivitäten. Ins Mörderische? Jedenfalls suchte er in zwei aufeinanderfolgenden Nächten einen Wohnblock in der Wilhelm-Pieck-Straße (vom 17. zum 18. April 1979) und in der Bernhard-Kellermann-Straße (vom 18. zum 19. April 1979) auf.

In der Wilhelm-Pieck-Straße stieg er durch ein Fenster in eine Wohnung im Erdgeschoss ein. Er hatte schon vorher herausgefunden, dass eine Frau dort wohnte. Im

Schlafzimmer schliefen nun jedoch zwei Personen, er berührte keine davon. Er betrachtete die Schlafenden eine Weile, dann ging er in die Küche und drehte die dort befindlichen Gashähne auf. Anschließend verließ er die Wohnung.

Warum er die Gashähne aufgedreht hatte, daran erinnerte er sich in seiner ersten Vernehmung am 31. Mai 1979 angeblich nicht mehr. Er wusste schon und gab das auch zu, dass er die beiden Personen hätte umbringen können. Aber wie zu seiner Entschuldigung ergänzte er, dass er sich ja noch eine ganze Weile in der Nähe befunden und die Situation beobachtet habe. Er »wartete die Reaktionen der Personen ab, hatte aber die Absicht, wenn sich nichts tut, das Gas wieder abzustellen«.

Der Vernehmer entgegnete natürlich sofort, dass er ja durch das Fenster eingestiegen und deshalb gar nicht an die Sicherungen im Hausflur gekommen sei. Der Beschuldigte habe doch wissen müssen, dass es zum Beispiel beim Einschalten des Lichtes zu einer tödlichen Explosion gekommen wäre. Karlheinz Blaurock konnte sich angeblich nicht mehr genau erinnern, ob er nicht doch im Hausflur gewesen war und die Sicherungen locker gedreht hatte.

Auch die zweite Missetat in der Nacht darauf kam zur Sprache, bei der er in einem Haus in der Bernhard-Kellermann-Straße in der dritten Etage gegen 24 Uhr die Gashähne aufgedreht hatte. Er wusste, dass dort eine alleinstehende Frau ein Zimmer bewohnte. Im Hausflur schraubte er dieses Mal wirklich die Sicherungen los, die Wohnung öffnete er wieder mit seinem Sperrhaken. Im hinteren

Zimmer schlief aber keine junge Frau, sondern ein älteres Ehepaar. Er verließ schleunigst diesen Raum und begab sich in ein kleines Zimmer, in dem tatsächlich eine junge Frau schlief, die Tochter des Ehepaares, wie sich später herausstellte. Er berührte sie nicht, schaute sie nur lange an, machte das Fenster zu und begab sich dann wieder in die Küche, wo er die Gashähne aufdrehte. Dann verließ er die Wohnung durch die Eingangstür und entfernte sich rasch, um aus einiger Entfernung zu beobachten, was nun passierte. Da nichts passierte, ging er noch ein wenig in der Gegend herum und kehrte nach circa einer Dreiviertelstunde zum Tatort zurück. Da sah er schon, dass die Fenster geöffnet worden waren. Ende gut, alles gut.

Den Vorwurf des Vernehmers, dass er das Fenster geschlossen habe, damit der Tod des Mädchens eintrete, wies er weit von sich. Als er das Fenster geschlossen habe, so behauptete er, habe er noch gar nicht im Sinn gehabt, die Gashähne aufzudrehen.

Am 26. April 1979 gegen 1.45 Uhr, so gestand Karlheinz Blaurock, habe er einen Häuserblock in der Fürnberg-Straße aufgesucht und sei mit seinem Sperrhaken in eine Wohnung eingedrungen, vor deren Tür ein Paar Damenschuhe standen. Diesmal handelte er wohl nicht so geräuschlos, denn die Frau hörte ihn, schaltete das Licht ein und rief etwas. Daraufhin ergriff der Eindringling sofort die Flucht.

In derselben Nacht öffnete er mit seinem Sperrhaken gegen zwei Uhr eine Wohnung in der Bernhard-Kellermann-Straße. Eine der Zimmertüren knarrte, so dass ein Kind munter wurde und nach seiner Mutter rief. Blaurock flüchtete abermals unerkannt, unter anderem deshalb, weil er vorher die Sicherungen gelockert hatte.

Sein Tatendrang war immer noch nicht erschöpft. Eine halbe Stunde später, gegen 2.30 Uhr, suchte er einen Häuserblock in der Bertolt-Brecht-Straße auf. In der fünften Etage verschaffte er sich wieder auf die übliche Weise Zutritt. Die Sicherungen hatte er in diesem Fall nicht gelockert. An der Flurgarderobe sah er eine Herrenjacke und verschwand deswegen sofort wieder, denn Männer gehörten nicht zu seiner Zielgruppe. Die Wohnungseingangstür machte er nicht zu, sondern lehnte sie nur an. Welch einen Schreck müssen die Wohnungsbesitzer bekommen haben, als sie am Morgen sahen, dass die Wohnungstür offen stand. Aber dieser Schreck war ja, wie wir wissen, das kleinere Übel ...

Aufgrund seiner vorangegangenen Misserfolge verschaffte er sich gegen drei Uhr erneut Eintritt in eine Mietswohnung, ebenfalls in der Bertolt-Brecht-Straße und in der fünften Etage. Sicherungen gelockert, hinein in die Wohnung, eine Zimmertür stand offen. Im Bett lag eine schlafende Frau. Nun konnte er sich endlich abreagieren. Er fasste unter die Bettdecke an ihren Oberschenkel. Wörtlich sagte er aus: *Dabei rührte sich die Person, worauf ich ihr sofort ein Kopfkissen auf das Gesicht drückte, damit sie nicht schreien kann. Danach fasste ich sie an ihr Geschlechtsteil, und dabei kam es zum Samenerguss. Diese Person wurde dabei vollkommen munter, wehrte sich mit aller Kraft, riss das Kissen zur Seite und schrie. Beim Berühren des Geschlechtsteils merkte ich, dass es sich um ein Kind handelte, und es schrie auch sofort nach ihrer*

Mama. Wie gesagt, das Kind wehrte sich mit aller Kraft, schrie dabei. Um das Schreien zu unterbinden, drückte ich mit meiner Hand von oben auf den Hals des Kindes. Dabei wurde das Schreien des Kindes leiser, sie griff mir aber in die Haare und riss mir einige Haare heraus. Nachdem sie dann aufhörte mit dem Schreien, ließ ich sie los und entfernte mich fluchtartig aus der Wohnung.

Da die anderen Türen verschlossen waren und niemand dem Kind zu Hilfe geeilt war, müsse Blaurock doch klargewesen sein, dass das Kind allein in der Wohnung gewesen sei, konstatierte der Vernehmer. Hatte er die Absicht gehabt, mit dem Opfer geschlechtlich zu verkehren? Warum hatte er es gewürgt?

Den Vergewaltigungsvorsatz wies er energisch zurück; er habe lediglich die Absicht gehabt, das Mädchen körperlich zu berühren, um sich selbst zu befriedigen. Gewürgt habe er es nur, weil es so schrie. Es sei auch nicht bewusstlos gewesen, als er aus der Wohnung flüchtete. Er habe sich sogar Gedanken gemacht, ein hilfloses Kind allein in der Wohnung zurückzulassen, aber seine Angst, erwischt zu werden, sei größer gewesen. Von seiner Frau habe er dann auch gehört, dass das Kind ärztlich behandelt werden musste.

Nach weiteren relevanten Handlungen, wie es im Kriminalistendeutsch heißt, befragt, erklärte Karlheinz Blaurock, dass er auch im März 1979 in einer Nacht zweimal unterwegs gewesen sei. Er konnte sich aber nicht mehr genau an diese Vorfälle erinnern.

Bereits in einer Nacht um den 18. April 1979 war er in vier Wohnungen gewesen, unter anderem in der Nuschkestraße. Aus dem Keller holte er sich damals einen Schlitten, stellte ihn vor ein offenes Fenster einer Parterrewohnung und begab sich über ein Kinderzimmer in die Schlafstube, in der ein Ehepaar schlief. Er kniete sich vor das Bett der Frau und fasste sie an den Oberschenkel. Die Frau erwachte vor Schreck, und der Täter flüchtete so, wie er gekommen war: durch das Fenster im Kinderzimmer.

In derselben Nacht ist er dann noch über ein Gerüst und durch ein offenes Fenster in eine Wohnung im dritten Stock eingestiegen. Er sah dort ein älteres Ehepaar und verließ die Wohnung sofort wieder. An die beiden anderen Straftaten konnte er sich zum Zeitpunkt der Vernehmung nicht mehr erinnern. So sagte er jedenfalls laut Protokoll.

Aber es fiel ihm noch ein, dass er sich am 28. Mai 1979 gegen 23 Uhr mit seinen bewährten Mitteln Zutritt in eine Wohnung in der Külzstraße verschafft hatte. Er war aber nachlässig geworden und hatte die Sicherungen nicht locker geschraubt. »Ich hatte gerade die Tür geöffnet«, so steht es im Vernehmungsprotokoll, »da hörte ich in der Wohnung Krach, und es kam etwas gegen die Tür geflogen. Ich glaube, ich habe sofort von draußen die Tür wieder geschlossen und mich schnellstens entfernt.«

Nun nahte das Ende dieser Vernehmung, aber der Oberleutnant der K wollte noch wissen, ob Karlheinz Blaurock auch noch bei anderen Taten die Gashähne aufgedreht oder den Vorsatz dazu gehabt habe. Das verneinte der Vernommene.

Der Kriminalist fragte zudem, warum Blaurock zwischen seinen kriminellen Taten relativ lange Pausen eingelegt habe. Vom 30. April bis zum 28. Mai etwa war ein ganzer Monat vergangen. Das war leicht zu erklären: Es hatte sich herumgesprochen, dass ein sexuell Abartiger in Senftenberg unterwegs war, der nachts in Wohnungen eindringt, und dass Anzeigen aufgenommen worden waren und die Volkspolizei intensiv ermittelte. Das Risiko, erwischt zu werden, war für ihn also gestiegen. Bei einer Geburtstagsfeier hörte er von einer Ärztin, dass Keller und Häuser observiert wurden, und da musste er natürlich eine Zwangspause machen. Dann ging aber gerüchteweise durch die Stadt, dass der Täter nicht mehr aktiv sei, woraufhin auch die Polizei ihre Maßnahmen zurückfuhr. Das war für ihn dann eine gute Nachricht, die ihn wieder unvorsichtiger werden ließ.

Abschließend gab Karlheinz Blaurock zu Protokoll, was wie ein Credo klingt: *Nach reichlicher Überlegung finde ich meine Handlungen zutiefst verwerflich, da sie nichts mit dem ärztlichen Ethos gemein haben und entgegen den Bestrebungen, Patienten zu heilen, stehen, diese obendrein gefährden. Ich habe jetzt die Tragweite meines Handelns voll erkannt und bin mit aller Entschlossenheit bereit, derartige Bestrebungen in Zukunft mit aller mir zur Verfügung stehenden Energie und Selbstbeherrschung zu unterbinden. Ich gebe hiermit das feste Versprechen, dass solche Handlungen nie wieder mein Denken und Tun bestimmen.*

Gegen den zuletzt als Stationsarzt in Klettwitz tätigen und wohnenden Karlheinz Blaurock, geboren 1953, ermittelte ab dem 7. Juni 1979 die Untersuchungsabteilung IX der Bezirksverwaltung (BV) für Staatssicherheit Cottbus, die das Verfahren per Beschluss und in Abstimmung mit der

Kriminalpolizei übernommen hatte. In die Ermittlungen wurden nun auch verschiedene andere Verfahren gegen unbekannt und bekannt einbezogen, da der dringende Verdacht bestand, dass Karlheinz Blaurock auch diese Straftaten begangen hatte: zum Beispiel ein am 4. September 1978 vom VPKA Fürstenwalde, Abteilung Kriminalpolizei, wegen vorsätzlicher Körperverletzung gem. § 115 Abs. 1 StGB gegen Knut Buschner eingeleitetes und am 21. November 1978 gem. § 148 Abs. 1 Ziff. 1 StPO eingestelltes Ermittlungsverfahren, Tgb.-Nr. 1295/78. Die Unschuld Knut Buschners bestätigte sich, als Karlheinz Blaurock im weiteren Verlauf der Vernehmungen gestand, in Rüdersdorf, Kreis Fürstenwalde, eine Frau angefallen und sexuell belästigt zu haben. Wir werden darauf zurückkommen.

So erweiterte Oberleutnant Werner von der Cottbusser Untersuchungsabteilung des MfS jedenfalls das Ermittlungsverfahren gegen Blaurock auf andere Straftatbestände: *Der Beschuldigte ist dringend verdächtig, es mehrmals bedingt vorsätzlich handelnd versucht zu haben, Menschen zu töten sowie ein Kind sexuell missbraucht, in mehreren Fällen Nötigung und sexuellen Missbrauch vollendet und versucht und in zahlreichen Fällen unter Anwendung von Gewalt Hausfriedensbruch begangen zu haben. Strafbar gem. § 112 Abs. 2 Ziff. 4, § 148 Abs. 1 und 5, § 122 Abs. 1, 2, 3 Ziff. 3 und Abs. 5, § 134 Abs. 1 und 2 StGB in der Fassung von 1968.*

Wir wollen das Juristische aufklären: Es lagen die Straftatbestände des versuchten Mordes, des sexuellen Missbrauchs von Kindern, der Nötigung und des Missbrauchs zu sexuellen Handlungen sowie des Hausfriedensbruchs vor.

In vielen Vernehmungen bei der BV Cottbus hatte Karlheinz Blaurock die Gelegenheit, sich umfassend zu seinen Taten und Motiven zu erklären. Das Vernehmungsprotokoll vom 4. Juli 1979 verrät uns Näheres über seine persönlichen Lebensverhältnisse. Karlheinz Blaurock berichtete schonungslos, offen und ehrlich, und das ist ihm natürlich zugutezuhalten. Wir wissen, dass er sogar einmal Sieger der Kreisolympiade Lichtenberg im Fach Mathematik gewesen war, und nicht zuletzt wegen dieser Leistung auf die Erweiterte Oberschule kam, wo er nach anfänglichen Schwierigkeiten großen Lerneifer zeigte. Auf der Oberschule erhielt er für hervorragende Lernergebnisse und ständig gute gesellschaftliche Arbeit unter anderem die Herder-Medaille und die Lessing-Medaille.

Mit der Pubertät entwickelten sich bei ihm ernste Probleme. Mit 16 Jahren schlich er sich in das Schlafzimmer der Eltern und beobachtete sie beim Geschlechtsverkehr, so dass sie eine Zeitlang das Schlafzimmer verschlossen. Seine Mutter konsultierte einen Psychiater. Dieser tolerierte das Verhalten des Jungen im Rahmen der pubertären Probleme, die bei einigen auftreten und bei anderen eben nicht. Er vertrat die Auffassung, dass Blaurocks Verhaltensweisen mit dem Beginn von sexuellen Beziehungen aufhören würden. Blaurock selbst lehnte es wegen der großen Peinlichkeit strikt ab, zu einem »Seelenklempner« zu gehen.

Karlheinz Blaurock war also neugierig auf das andere Geschlecht geworden, wusste aber nicht, wie er den Kontakt herstellen sollte. So begann er, Frauen zu beobachten, und onanierte häufig. Wenn er zu Hause seiner Mutter durch das Schlüsselloch zusah, wie sie sich wusch, bekam er einen Orgasmus. In seiner Familie war der nackte Körper ein Tabu.

Am 20. Juni 1979 schrieb die Klinikleitung des Krankenhauses eine Beurteilung und sandte sie an das Untersuchungsorgan. Karlheinz Blaurock wurde nur Positives bescheinigt. Als Vertretung des Stationsarztes hatte er stets eine zuverlässige Arbeit geleistet, gründliche Visiten durchgeführt und die Kollegen der Abteilung voll und ganz von seiner Eignung überzeugt. Die Schlusssätze der Beurteilung sollen deshalb zitiert werden: »Alles in allem war Herr Blaurock bereits ein im Haus geschätzter junger Arzt, der solide theoretische Grundlagen aufwies und in seinem Handeln am Krankenbett einen sehr guten Arzt versprach. Alle Mitarbeiter des Hauses werden ihm das bestätigen.« Was hätte aus ihm werden können!

Was das Aufdrehen der Gashähne betrifft, so hatte Karlheinz Blaurock in zahlreichen Vernehmungen und auch in persönlichen Niederschriften dann davon gesprochen, dass er selbst aus dem Leben scheiden wollte. In einer solchen Niederschrift vom 16. Juni 1979 hört sich das beispielsweise so an:

Nachdem ich merkte, irgendwie in eine Sackgasse geraten zu sein, aus der ich selbst nicht die Kraft hatte, herauszukommen, versuchte ich feige, mittels Gas aus dem Leben zu gehen und mich zunächst vor mir selbst der Verantwortung zu entziehen. Der eigene Egoismus war es jedoch wieder, der mir nicht den Mut gab, dies ohne Belästigung und Ge-

fährdung anderer und letztlich mit Konsequenz durchführen zu können. Die Angst vor dem endgültigen Versagen hielt mich zurück. Ich wollte letztlich mein Gewissen dadurch beruhigen, dass ich von meiner Schuld abzulenken versuchte, mich aus der Affäre ziehen wollte, indem ich so tat, als ob die Insassen dieser Wohnungen selbst die Initiatoren eines versuchten Suizids sich selbst gegenüber waren.

Das eigene Gewissen, meine Verantwortung als Mensch und Arzt hätten mich letztlich zu spät wachrütteln können, als ich nochmals in die Nähe dieser Wohnungen kam. Ich fuhr die Straße des Lebens, zu dieser bitteren Erkenntnis bin ich nun endlich gekommen, wie ein Blinder entlang, ohne zu merken, dass ich daran haarscharf an manchem Hindernis vorbeifuhr, das mir letzten Endes viel früher das Genick hätte brechen können.

Sehr aufschlussreich war die Beschuldigtenvernehmung vom 2. Juli 1979, in der Karlheinz Blaurock gestand, im Spätsommer 1976, also am Ende seiner Studienzeit, damit angefangen zu haben, nachts in fremde Wohnungen einzudringen. Ihm war klar, dass es durch ein Berühren von schlafenden Personen durchaus zu Schockwirkungen hätte kommen können. Bis zu seiner Festnahme sei er mehrfach in fremde Wohnungen eingedrungen, was wir ja bereits wissen. Neu war auch für den Vernehmer, dass Blaurock im Februar 1978 in den Nachtstunden eine junge Frau angefallen hatte. Und jetzt zitieren wir einmal:

Danach kam es noch zu weiteren sechs Handlungen, wo ich junge weibliche Personen auf der Straße anfiel. Für die Tatausführung suchte ich möglichst solche Örtlichkeiten aus, wo wenig Personenverkehr ist. Außerdem fiel ich diese Personen an solchen Stellen an, wo es dunkel ist, um nicht erkannt zu werden. Darüber hinaus versuchte ich, die weiblichen Personen möglichst in einer weiten Entfernung von Gebäuden anzufallen. Dabei ging ich davon aus, dass Schreie von den angegriffenen Personen nicht von anderen Personen gehört werden sollten.

Den jeweiligen Angriffen ging meinerseits eine Beobachtung und Verfolgung dieser Personen voraus. Ich verfolgte diese Personen meistens bis zu einem Ort, wo ich günstige Möglichkeiten für die Ausführung meiner Tat sah. An diesen Orten griff ich die Frauen von hinten an, riss sie zu Boden und hielt ihnen den Mund zu. Bei einer Gegenwehr und bei lautem Schreien nach Hilfe versuchte ich in einem Fall, mit einem Scheuertuch den Mund zuzuhalten. Wiederholt versuchte ich, Schreien und erfolgte Gegenwehr durch Würgen am Hals zu unterbinden.

Bei meinen ersten drei Handlungen erreichte ich mein Ziel der sexuellen Befriedigung nicht. Deshalb kam ich auf den Gedanken, bei den nächsten Handlungen Gegenwehr und Schreie auszuschalten. Ich entschloss mich, durch einen Schlag auf den Kopf mein nächstes Objekt so zu beeinflussen, dass mit keiner starken Abwehrreaktion mehr zu rechnen ist. Mein Ziel bestand darin, nach der Ausführung des Schlages die Person zu Boden zu reißen und mich dann sexuell zu befriedigen, wobei ich bei all meinen Handlungen nie das Ziel des Geschlechtsverkehrs anstrebte. Bei meiner ersten Handlung, wo ich dann auch zur Verwirklichung meiner Zielstellung kam, schlug ich der weiblichen Person mit einem Buch auf den Kopf. Bei diesem Buch handelt es sich um einen Band Meyers Lexikon.

Das Tatwerkzeug: *Meyers Neues Lexikon* Band 1, Ausgabe von 1963

In zwei weiteren Fällen schlug ich mit einem Kochtopf auf den Kopf junger weiblicher Personen. Bei diesem Kochtopf handelt es sich um einen Stahlblechtopf, der zwei Plastehenkel hat. Dieser Topf ist blau emailliert, und er hat einen schwarzen Boden. Diesen Topf nahm ich in zwei Fällen zielgerichtet zur Ausführung eines Schlages aus meiner Wohnung mit.

Noch ein Tatwerkzeug: Ein schwarzer, flacher Topf aus Metall mit zwei Henkeln, Gewicht: 1415 Gramm

Seit Januar 1979 begann ich damit, in fremde Wohnungen in Senftenberg einzudringen. In zwei Fällen habe ich in Wohnungen Gashähne aufgedreht und Gas in diese Wohnungen einströmen lassen. In diesen Wohnungen hielten sich schlafende, arglose Personen auf. Nachdem ich die

Gashähne aufgedreht hatte, verließ ich die Wohnungen, und ich ließ die in den Wohnungen befindlichen Personen zurück. Damit habe ich sie in einen lebensgefährlichen Zustand gebracht. In einem weiteren Fall habe ich in einer Wohnung von Senftenberg einem Mädchen ein Kissen auf das Gesicht gedrückt, um deren Hilfeschreie zu unterdrücken. Da mir das nicht gelang und das Mädchen eine heftige Gegenwehr zeigte, würgte ich das Kind so lange, bis Schreie und Gegenwehr aufhörten.

Zu den Motiven, weshalb ich die Gashähne in zwei Fällen öffnete, möchte ich in meiner heutigen Vernehmung eine Richtigstellung zu bisher dazu gemachten Aussagen vornehmen. Ich bin während der Untersuchungshaft zu der Überzeugung gelangt, dass mein zum Anfang während der Untersuchung gezeigtes Handeln nicht auf die Dauer von Erfolg gekrönt sein kann. Bei meinen Aussagen ging ich davon aus, nur so viel zuzugeben, wie mir nachgewiesen werden kann. Zwischenzeitlich bin ich zu der Erkenntnis gekommen, dass ich nur einen neuen Anfang finden kann, wenn ich mit dem Alten abrechne und darunter einen Schlussstrich ziehe.

Frage: *Weshalb gefährdeten Sie in zwei Fällen das Leben und die Gesundheit von Menschen, indem Sie Gashähne öffneten und Stadtgas in Wohnungen einströmen ließen, worin sich schlafende Menschen befanden?*

Antwort: *Ich habe in zwei Fällen Gashähne geöffnet und Stadtgas in diese Wohnungen einströmen lassen, um eine Bewusstseinstrübung der in der Wohnung befindlichen Personen zu erreichen. Mein Ziel bestand darin, nach dem Eintritt dieser Bewusstseinstrübung in diese Wohnungen zurückzukehren, um mich dann sexuell zu befriedigen.*

Auf keinen Fall strebte ich den Tod der in der Wohnung befindlichen Personen an. Nach dem Verlassen dieser Wohnungen wurde ich mir jeweils klar, dass ich nicht in der Lage war einzuschätzen, wann der Zustand der Bewusstseinstrübung der in der Wohnung befindlichen Personen einsetzt. Mir wurde bewusst, dass durch das ausströmende Gas schwere gesundheitliche Schäden und sogar der Tod der in den Wohnungen befindlichen Personen hätten eintreten können. Ich möchte in diesem Zusammenhang nochmals hervorheben, dass ich nur eine Bewusstseinstrübung der in den Wohnungen befindlichen Personen anstrebte. Den Tod dieser Menschen strebte ich auf keinen Fall an. Nachdem ich die Wohnungen jeweils verlassen hatte, wurde mir bewusst, dass ich auf den Verlauf hinsichtlich eintretender Folgen der in den Wohnungen befindlichen Personen keinen Einfluss mehr hatte. Ich habe mir auch, nachdem ich zum ersten Mal Gashähne geöffnete hatte, fest vorgenommen, eine derartige Handlung nicht zu wiederholen.

Trotz dieses Vorsatzes kam es kurze Zeit darauf erneut zu einer derartigen Handlung. Diese beiden Handlungen und auch das Schlagen auf die Köpfe weiblicher Personen sowie Handlungen, wo ich weibliche Personen würgte, stehen im völligen Widerspruch zu meiner Tätigkeit als Arzt. Bei der Vorbereitung und Ausführung derartiger Handlungen wurde mir dieser Widerspruch zum Teil auch bewusst. Derartige aufkommende Gedanken schob ich jedoch beiseite. Der bei mir vorhanden gewesene Drang nach sexueller Befriedigung war jeweils stärker als aufgekommene Gedanken bezüglich meiner Tätigkeit als Arzt. Einen weiteren Grund dafür, dass es durch mich immer wieder zu derartigen Handlungen kam, sehe ich in der von mir hervorgebrachten sexuellen Stimulation. Ich habe mich selbst bewusst sexuell stimuliert. Nach dieser erfolgten Stimulation sah ich nur noch das Bedürfnis sexueller Befriedigung durch Hautberührung. Die von mir danach erfolgten Handlungen dienten nur dieser einen Zielstellung.

Dann stellte Karlheinz Blaurock in der Vernehmung sein sehr gutes ärztliches Wissen unter Beweis. Er gestand, dass ihm natürlich klar gewesen sei, dass er durch das heimliche Betreten fremder Wohnungen große Gefahren heraufbeschworen habe. Eine Schockwirkung vor Schreck könne, das gab er zu, sogar zum Tode führen. Als er die Frauen zu Boden zerrte, hätte der Tod durch epidurale (auf der harten Hirnhaut gelegene) und subdurale (unter der harten Hirnhaut gelegene) Hämatome eintreten können, wenn die Opfer zum Beispiel mit dem Kopf auf einen Stein gefallen wären. Und durch Würgen am Hals könne es zum Reflextod, Zungenbeinbruch und zur Bewusstlosigkeit kommen, auch zum Erbrechen und anschließendem Ersticken. Mit der Drosselung der Luftzufuhr habe er ihren Erstickungstod riskiert. Und er fügte hinzu, dass es auch möglich sei, durch die Schlagwirkung auf den Kopf Bewusstlosigkeit mit Erbrechen herbeizuführen. Am Erbrochenen könne ein Mensch ersticken. Durch die Einatmung von Stadtgas könne es ebenso zu Übelkeit mit Erbrechen und zum Erstickungstod kommen, ein hoher Kohlenmonoxydgehalt im Blut könne unmittelbar zum Tod führen. Bei all diesen von ihm beschriebenen Möglichkeiten sind Spätfolgen möglich, an denen man sterben kann.

Theoretisch waren ihm die Folgen seines Handelns für seine Opfer also klar, während seiner Taten aber befand er sich in einer Art sexuellem Rausch. Er wollte ohne Rücksicht auf Verluste Frauen wehrlos machen und berühren. Erst nachdem er Abstand zu den Häusern mit den offenen Gashähnen gewonnen hatte, bekam er Angst, etwas Schlimmes könnte passieren. Dann hoffte er, dass der Gasaustritt rechtzeitig erkannt werde und dass die Bewohner keine ernsthaften gesundheitlichen Schäden erleiden würden. Froh war er, wenn er aus sicherer Entfernung feststellen konnte, dass die Fenster geöffnet worden waren, um das Gas aus der Wohnung zu bekommen.

Wenn er keine oder nur eine geringe Abwehrreaktion spürte, hörte er bei den überfallenen Frauen sofort mit dem Würgen auf, da er sein Ziel, die Abwehrreaktion zu brechen, erreicht hatte. Das Würgen des Mädchens, das sich allein in der Wohnung befand, war noch einmal Gegenstand der Erörterungen. Durch das Berühren des Körpers des Mädchens hatte er bemerkt, dass es sich bewegt hatte und nicht bewusstlos gewesen war.

Dann versicherte der Vernommene noch, dass er nie einen »direkten Geschlechtsverkehr« angestrebt habe, es ging ihm nur darum, durch körperliche Berührungen zum sexuellen Höhepunkt zu kommen, was ihm wiederholt gelungen sei. Diese Art seiner sexuellen Betätigung begründete er erneut mit der Situation in seiner Ehe.

Damit war aber immer noch nicht alles gesagt, und der strategisch hervorragend ausgebildete Vernehmer ließ nicht locker. Er sagte Karlheinz Blaurock direkt auf den Kopf zu: »Sie verschweigen immer noch etwas.«

Nach einigem Grübeln, was ziemlich schlecht gespielt war, setzte Blaurock zu einem Schlusswort an. Etwa seit April 1979 habe er immer einen Hammer bei sich getragen, angeblich zu seinem eigenen Schutz (!). Wörtlich heißt es etwas umständlich im Protokoll: *Von meiner Frau hatte ich gehört, dass in Senftenberg nachts Personen überfallen und zusammengeschlagen werden. Da ich befürchtete, derartigen Personen ebenfalls begegnen zu können, nahm ich zum Schutz vor diesen einen Hammer mit. Diesen Hammer habe ich anlässlich meiner letzten Handlung in einem Beutel auf einer Bank liegengelassen. Ich erinnere mich daran, den Beutel auf der Bank vor dem Eingang der Kellermann-Straße abgelegt zu haben. Zur Aufnahme des Beutels ist es durch mich nicht mehr gekommen, da meine Festnahme erfolgte.*

Nun ja, wir erinnern uns, diesen Hammer im Beutel hatte eine Dame gefunden und bei der VP abgegeben. Aber hat der Täter nun wirklich alles gestanden?

In einer persönlichen Niederschrift vom 22. Januar 1980 gab Karlheinz Blaurock noch das Folgende an, nachdem er versichert hatte, alle ihm vorlegten Beweismittel anzuerkennen: *Zu den mir vorgelegten 22 Aktfotos (Magazinfotos) möchte ich noch erklären, dass ich es für möglich halte, diese Fotos am Abend des 16. April 1979 in Vorbereitung zur Begehung strafbarer Handlungen mit dem Ziel der sexuellen autosuggestiven Stimulation betrachtet zu haben. Die Aktfotos benutzte ich in der gleichen Weise zur Vorbereitung weiterer Straftaten, ohne heute noch konkrete Zeitpunkte nennen zu können.*

Magazinfotos waren Aktfotos aus der DDR-Zeitschrift

Das Magazin, das wegen ebendieser Bilder eine heißbegehrte Ware war. Alle, die irgendwann ein Abonnement ergatterten, konnten sich sehr glücklich schätzen.

Auch zu den Straftaten in der Wilhelm-Pieck-Straße, in der Bernhard-Kellermann-Straße und in der Bertolt-Brecht-Straße, die unseren Bericht eröffneten, wurde Karlheinz Blaurock detailliert befragt.

Den Tathergang seiner Gasattacke in der Wilhelm-Pieck-Straße in der Nacht vom 17. zum 18. April 1979 beschrieb er in seiner Vernehmung am 4. September 1979 genauer. Demnach stellte er sich vor der Tatbegehung auf ein unter dem Schlafzimmerfenster vorhandenes Gitter und blickte ins Innere – auf eine schlafende Frau. Er löste die Sturmhaken vom Fenster des Schlafzimmers, mit denen das geöffnete Fenster gesichert war, und begab sich zur Hauseingangstür, die er mittels Sperrhaken öffnete. Der Sicherungskasten im Hausflur war verschlossen, der Schlüssel steckte. Er lockerte die Sicherungen, um ein eventuelles Einschalten von Lampen zu verhindern.

Da er schon früher versucht hatte, in diese Wohnung einzudringen, wusste er, dass die Tür mit einem Sicherheitsschloss ausgestattet war. Deshalb verließ er das Haus und stieg durch das Schlafzimmerfenster in die Wohnung ein. Im Schlafzimmer drückte er das Fenster zu, ohne es jedoch zu verriegeln. Er begab sich zum Bett der schlafenden Frau und verweilte dort kurz. Anschließend ging er in die Küche und öffnete alle Gashähne, um ein Ausströmen des Stadtgases zu erwirken. Nach seiner nunmehrigen Aussage hatte er auch die Klappe der Backröhre geöffnet. Schließlich schlich er sich ins Badezimmer, öffnete das Fenster, das er hinter sich heranzog, sprang hinaus und lief weg. Das verursachte genau die Geräusche, die der sechzehnjährige Nachbarsjunge gegen drei Uhr hörte.

Karlheinz Blaurock wusste auch noch zu berichten, dass nach Verlassen der Wohnung sämtliche Fenster geschlossen waren, die Schlaf- und Wohnzimmertüren aber offen standen. Er hatte im Schlafzimmer angeblich noch eine männliche Person schlafend in einem extra stehenden Bett angetroffen, was Beate Kunze aber energisch von sich wies. Sie hatte keinen Herrenbesuch. Dieser Widerspruch konnte nicht mehr ausgeräumt werden. Damit verlassen wir die Vernehmung vom 4. September 1979. Wir können konstatieren, dass der Tatortbefund, die Aussagen der Geschädigten und des Beschuldigten in wesentlichen Punkten übereinstimmten. Und das war ja immerhin etwas.

In der darauffolgenden Nacht war Karlheinz Blaurock, wie wir wissen, wieder unterwegs. Den Tathergang gestand er vor dem Untersuchungsorgan des MfS in seiner Vernehmung am 18. Januar 1980 genauer als in seiner ersten Vernehmung bei der Kriminalpolizei.

Da er für sich keine andere Möglichkeit sah, sich sexuell zu befriedigen, fasste Blaurock am Abend des 18. April 1979 den verhängnisvollen Entschluss, erneut Personen durch Stadtgas in einen bewusstlosen Zustand zu versetzen. Am Vortag war er durch seine Angst im Versuch steckengeblieben, und das wollte er nun nicht mehr. Also schritt er abermals zur Tat.

Er drang mit einen Sperrhaken in die Wohnung in der Bernhard-Kellermann-Straße ein und öffnete die links liegende Tür. Er hatte bereits herausgefunden, dass dahinter das Zimmer einer jungen Frau lag. Sie schlief fest, und um sie nicht zu wecken, schloss er das Fenster ganz vorsichtig. Möglicherweise war das Fenster mit einem Sturmhaken gesichert gewesen, aber das wusste er nicht mehr genau. Die Zimmertür des Schlafzimmers der Eltern zog er vorsichtig heran, klinkte das Schloss aber nicht ein, da dies möglicherweise zu hören gewesen wäre. Dann öffnete er am Küchenherd die vier Gashähne und die Backröhre. Das Ausströmen des Gases vernahm er durch Geruch und Geräusch. Die Küchentür ließ er offen, damit das Gas ungehindert in das Kinderzimmer strömen konnte. Dann plante er jedoch um, denn er verließ die Wohnung. Er machte die Wohnungstür vorsichtig zu, verschloss sie aber nicht. Zuvor hatte er, wie so oft, die Sicherungen im Kasten des Hausflures gelockert.

Am 18. Juni 1979 hatte er ausgesagt, dass er in der Küche der Familie Burkhardt mit dem ausströmenden Gas einen Suizid begehen wollte. Der Vernehmer der BV Cottbus wies Karlheinz Blaurock sofort auf diesen Widerspruch hin. Dieser erklärte, dass die Aussage falsch gewesen sei, und die heutigen Aussagen der Wahrheit entsprächen. Suizidgedanken habe er nie gehabt, er besitze eine lebensbejahende Einstellung. Durch seine Aussage am 18. Juni 1979 habe er versucht, seine strafrechtliche Verantwortlichkeit abzuschwächen. Es war also eine Schutzbehauptung gewesen. Er habe, sagte er reumütig, während der Untersuchungshaft erkannt, dass er objektive Realitäten anerkennen müsse. Zu der Entscheidung, wahrheitsgemäße und der Realität entsprechende Aussagen zu machen, habe er sich schon vor längerer Zeit entschieden. »Trotzdem«, so sagte er wörtlich, »habe ich mitunter immer wieder versucht, durch einzelne Aussagen die Schwere meiner Schuld herabzumindern.«

Er gestand auch, dass er eine Gefahrensituation für das Leben und die Gesundheit der drei in der Wohnung befindlichen Personen geschaffen habe, wobei die junge Frau am stärksten gefährdet gewesen sei, da er ihr Fenster verschlossen und ihre Zimmertür geöffnet habe. Bei seiner Befragung versuchte er, mildernd ins Feld zu führen, dass die Personen den Gasaustritt rechtzeitig bemerkt hätten und damit nichts Schlimmes passiert sei.

Zum Versuch der Tötung des Kindes Melanie Meyerbeer in ihrer Wohnung in der Bertolt-Brecht-Straße nahm Karlheinz Blaurock in verschiedenen Vernehmungen Stellung. Er gestand die Tat in vollem Umfang ein und bestätigte die ihm vorgelegten Beweismittel.

Nachdem der Verdächtige verhaftet worden war, nahm Diplomkriminalist Diedering, Major der K und Sachverständiger für Gerichtsbiologie, nochmals zur am Tatort gesicherten Spur 1 (Haare) Stellung. Er untersuchte serologisch weitere fünf Haare und konnte viermal die Blutgruppeneigenschaft A und einmal die Blutgruppeneigenschaft AB feststellen; sie stammten also von verschiedenen Personen. An den Vergleichshaaren von Karlheinz Blaurock wurde ebenfalls die Blutgruppe A nachgewiesen, auch stimmten diese Vergleichshaare in den morphologischen Eigenschaften annähernd mit denen aus Spur 1 überein: »Folglich kann die Person, von der das untersuchte Vergleichsmaterial stammt, als Mitverursacher der ›Spur 1‹ nicht ausgeschlossen werden.«

So zogen sich die Ermittlungen dahin. Der Abteilungsleiter der Bezirksstaatsanwaltschaft Cottbus Posmantier bat mit Schreiben vom 8. August 1979 Prof. Dr. med. Manfred Ochernal von der Sektion Kriminalistik der Humboldt-Universität zu Berlin gem. §§ 38 und 39 Abs. 1 StPO um eine psychiatrische Begutachtung des Beschuldigten Karlheinz Blaurock. Er stellte insgesamt sechs Fragen, die durch den Gutachter beantwortet werden sollten. Frage 6 wies darauf hin, dass es dem Staatsanwalt nicht nur um Wahrheitsfindung und Verurteilung, sondern auch darum ging, wie sich das Leben von Karlheinz Blaurock nach einer Haftentlassung gestalten würde. Sie lautete: »Wird es bei Zurechnungsfähigkeit bzw. verminderter Zurechnungsfähigkeit für notwendig erachtet, den Beschuldigten nach der Strafverbüßung in eine stationäre Einrichtung einzuweisen?«

Das forensisch-psychiatrische Gutachten wurde am 6. September 1979 erstattet und stützte sich auf die Vernehmungsunterlagen zur Person und Sache, auf einen Bericht zur Person des Beschuldigten vom 12. Juli 1979, eine persönliche Niederschrift des Beschuldigten vom 28. Juni 1979 sowie auf die Ergebnisse der stationären Beobachtung und Untersuchung im MfS-Haftkrankenhaus Berlin vom 20. bis 31. August 1979.

Der Gutachter konnte eine sexuelle Triebhaftigkeit krankhaften Ursprungs nicht feststellen. Auch die sexuelle Bedürfnislage sei nicht überdurchschnittlich hoch. Der Beschuldigte habe sich immer gezielt in diesen Zustand gebracht. Darüber hinaus sei die Steuerungsfähigkeit auch dann nicht aufgehoben, denn der Beschuldigte vermochte, bei drohender Gefahr von seinen »Trieben« zurückzutreten und der Sicherheit den Vorzug zu geben. Prof. Ochernal sprach daher in seinem Gutachten von einer Intaktheit der Denk- und Handlungsvollzüge, von Steuerungsfähigkeit sowie von Kritik- und Urteilsfähigkeit.

Auf die Frage des Staatsanwaltes, ob die physischen und psychischen Belastungen eine schuldrelevante Bedeutung hätten, sagte der Gutachter, dass das nicht der Fall sei. Letztlich habe sich der Beschuldigte erst in diesen Zustand gebracht, indem er sich offensichtlich in seiner Leistungsfähigkeit überschätzt habe. Somit sei ein Zusammenhang mit seinen strafbaren Taten nicht zu erkennen gewesen: »Diese Form der ›Entspannung‹ hat sich der Beschuldigte selbst ausgewählt und gewollt«, meinte der Gutachter abschließend zu dieser Fragestellung.

Die Zusammenfassung des Gutachtens soll an dieser Stelle in voller Länge wiedergegeben werden.

In Zusammenfassung des bisher Gesagten ergeben sich bei sorgfältiger Prüfung aller Umstände zur Person und Sache keine Hin- oder Beweise für eine krankhafte Störung der Geistestätigkeit oder Bewusstseinsstörung gemäß § 15,1 StGB oder für eine der Alternativen des § 16,1 StGB. Der Beschuldigte ist aus forensisch-psychiatrischer Sicht als ein
　　　　　　voll zurechnungsfähiger Mensch
anzusehen.

Die große Bedeutung der Frage 6 *des Herrn Staatsanwalt müssen wir sachverständigerseits unterstreichen. Zunächst halten wir es für notwendig, den Beschuldigten für die Zeit nach der Haftentlassung die Verpflichtung zur ambulanten nervenärztlichen Behandlung gemäß* § 27 StGB *aufzuerlegen, da wir bei vorliegenden Umständen zu Person und Sache davon ausgehen müssen, dass sich der Beschuldigte möglicherweise der Korrektur seiner sexuellen Fehlverhaltensweisen entziehen könnte. Diese Korrektur ist aber im Hinblick auf die Verhütung weiterer Rechtsverletzungen gleicher oder ähnlicher Art dringend erforderlich. Außerdem sehen wir hierbei einen Zusammenhang zwischen der akzentuierten Persönlichkeit des Beschuldigten an sich, der bestehenden sexuellen Fehlhaltung und der Frage, auf welche Weise die soziale Eingliederung nach einer eventuellen Haftstrafe erfolgen kann. Aus psychiatrischer Sicht möchten wir den Hohen Senat aufmerksam machen, dass dieser akzentuierte Mensch, ohne die Möglichkeit, das verlorene Sozialprestige in irgendeiner Weise annähernd ausgleichen zu können, seine psychische Spannkraft und Einsatzfreude verlieren könnte. Auch aus diesem Grunde scheint uns eine Hilfestellung und eventuelle Einflussnahme psychologischer Art durchaus notwendig und bedeutungsvoll.*

Mehr kann derzeit nicht gesagt werden.

Das vorstehende Gutachten wurde auf der Grundlage des derzeitigen Erkenntnisstandes nach bestem Wissen und Gewissen erstattet.

Das Gutachten musste aber noch präzisiert werden, denn Karlheinz Blaurock hatte in seinen Vernehmungen immer wieder darauf hingewiesen, dass er am 17. oder 18. April 1979 insgesamt sechs Tabletten Aponeuron eingenommen habe, jeweils dreimal zwei Tabletten, zuletzt zwischen 18 und 19 Uhr. Die letzte Einnahme an diesem Tage sei erfolgt, nachdem er den Entschluss zur Begehung strafbarer Handlung gefasst habe. Er habe sich also schuldhaft unter dem Einfluss des Medikaments Aponeuron gesetzt. Auf diese Frage war Prof. Ochernal in seinem Gutachten auf Seite 19 schon kurz eingegangen, aber das Untersuchungsorgan, namentlich der Leiter der Abteilung IX der BV Cottbus Oberstleutnant Scholz, wünschte eine genauere Einschätzung des möglichen Einflusses dieses Medikamentes auf den Bewusstseinsprozess des Beschuldigten hinsichtlich seiner Entscheidung zur Straftat, seines Vorsatzes und des Erkennens der Folgen.

Aponeuron war ein in der DDR von Ärzten bedenkenlos verschriebenes Medikament zur Antriebssteigerung und Stimmungsaufhellung, man konnte es aber auch missbräuchlich als Rausch- und Partydroge verwenden.

Der Gutachter Dr. Böttger erklärte am 14. Dezember 1979, dass die Einnahme von Aponeuron in der bekannten Dosierung in dem vom Beschuldigten genannten Zeitraum die geistigen Fähigkeiten nicht qualitativ verändern könne. Die leicht stimulierende und aktivierende Wirkung dieses Medikamentes und die damit mögliche Relevanz in Bezug auf das strafbare Tun seien demzufolge äußerst gering gewesen. Der Gutachter äußerte noch einmal, dass dem Beschuldigten als Arzt Nebenwirkungen und sonstige spezifische Wirkungen von Aponeuron auf seinen Organismus bekannt gewesen seien und er diese willentlich auf sich genommen habe: »Das Öffnen der Gashähne kann deshalb psychiatrisch nicht als Auswirkung der Einnahme von Aponeuron angesehen werden, sondern hat diesen Tatentschluss bestenfalls etwas begünstigt.«

Damit war nun auch vonseiten der gerichtlichen Psychiatrie alles gesagt worden.

Das Ermittlungsverfahren gegen Karlheinz Blaurock war am 31. Mai 1979 eingeleitet worden, so dass mehrere Fristverlängerungen notwendig waren. Das war alles rechtsstaatlich geschehen: Der Staatsanwalt des Bezirkes Cottbus/Abteilung Ia verlängerte auf Antrag des Untersuchungsorgans mehrfach die Bearbeitungsfrist, am 24. Juli 1979 um 30 Tage bis zum 31. August 1979, am 23. August 1979 um acht Wochen bis zum 31. Oktober 1979, am 23. Oktober 1979 um acht Wochen bis zum 31. Dezember 1979 und schließlich am 18. Dezember 1979 um vier Wochen bis zum 31. Januar 1980. Dann war die Arbeit endlich getan, und der Schlussbericht konnte geschrieben werden, auf dessen Grundlage der Staatsanwalt des Bezirkes Cottbus in der Haftsache gegen Karlheinz Blaurock am 3. März 1980 endlich die Anklage erhob (AZ 131-25/79).

Er wurde angeklagt, das Leben und die Gesundheit mehrerer Menschen angegriffen und die sexuelle Freiheit und Würde der geschädigten Frauen verletzt zu haben. Die Liste der Missetaten war lang, über die wesentlichsten haben wir berichtet. Aber auch zu diesen wurden weitere Details genannt.

So fasste Blaurock am 26. April 1979 Melanie Meyerbeer nicht nur an das Geschlechtsteil, sondern auch an die Brust und habe danach onaniert. Sofort nach Erreichen seiner sexuellen Befriedigung verließ er die Wohnung, ohne sich in irgendeiner Art um das noch bewusstlose Kind zu kümmern. Er nahm damit den Eintritt gesundheitlicher Schäden und den Tod des Kindes in Kauf.

Der Beschuldigte überfiel mit dem Ziel des sexuellen Missbrauchs am 13. August 1978 gegen 00.30 Uhr die Geschädigte Wassermann auf einem unbeleuchteten Verbindungsweg zwischen Berg- und Brückenstraße in Rüdersdorf, wo er zu Besuch war. Er schlug ihr hinterrücks mit einem Buch auf den Kopf, riss sie zu Boden und würgte sie bis zur Bewusstlosigkeit. Danach fasste er ihr an die entblößte Brust und onanierte. Als die Geschädigte wieder zu sich kam, würgte er sie erneut bis zum Eintritt der Ohnmacht. Nachdem er seine sexuelle Befriedigung erreicht hatte, verließ er den Tatort, ohne sich um die noch bewusstlos am Boden liegende Geschädigte zu kümmern. Wiederum riskierte er den Tod seines Opfers.

Am 25. Januar 1978 zwischen 21.50 und 22 Uhr überfiel er laut Anklage auf einem unbeleuchteten Gehweg am Festplatz an der Bernhard-Kellermann-Straße in Senftenberg die Geschädigte Meyer, riss sie zu Boden, würgte sie und fasste ihr unter den Rock an die Oberschenkel. Durch eine List konnte die Geschädigte weitere Handlungen verhindern.

In vier Fällen drang der Beschuldigte unberechtigt in fremde Wohnungen ein und nahm an darin schlafenden Frauen sexuelle Missbrauchshandlungen vor, indem er diese an der Brust und am Geschlechtsteil berührte. Nur in einem Fall in der Otto-Nuschke-Straße in Senftenberg erwachte die Geschädigte bei der Berührung ihrer Oberschenkel, so dass Karlheinz Blaurock die Flucht ergreifen musste.

Am 1. Oktober 1978 überfiel er hinter der Kaufhalle »Kathrin« in Senftenberg, Wilhelm-Pieck-Straße, eine Frau, riss sie zu Boden und fasste ihr unter den Rock an die Oberschenkel. Aufgrund der starken Gegenwehr und ihrer Hilferufe ließ er von der Geschädigten ab und flüchtete.

Und so weiter und so fort.

Beweismittel waren 19 Zeugenaussagen, verschiedene Gutachten, darunter neben dem schon genannten forensisch-psychiatrischen Gutachten ein gerichtsmedizinisches Gutachten der Medizinischen Akademie »Carl Gustav Carus« in Dresden, ein Gasgutachten der Technischen Untersuchungsstelle des MfS und ein kriminal-technischer Auswertungsbericht, ein Situationsbericht des Kreistages Senftenberg, Ständige Kommission Ordnung und Sicherheit, Tatortuntersuchungsprotokolle, Bildberichte, ärztliche Stellungnahmen, Vernehmungen und handschriftliche Stellungnahmen des Beschuldigten. Und nicht zu vergessen eine Einschätzung der Straßenbeleuchtung durch den Rat der Stadt Senftenberg, um die Wahrnehmungsverhältnisse zu klären. Es war ganze Arbeit geleistet worden.

Am Ende der Anklageschrift verwies die Abteilungsleiterin Frau Richter darauf, dass der Beschuldigte durch die Vielzahl seiner Straftaten die durch das Bemühen der staatlichen Organe und aller gesellschaftlichen Kräfte erreichte hohe Ordnung und Sicherheit erheblich gestört hatte, besonders in der Stadt Senftenberg. »Dabei führte die ständig steigernde Intensität auch zu einer Erhöhung der Unsicherheit unter der Bevölkerung. Es ist daher erforderlich, mit aller Konsequenz den Beschuldigten Blaurock strafrechtlich zur Verantwortung zu ziehen.«

Es wurde beantragt, das Hauptverfahren vor dem 1. Strafsenat des Bezirksgerichts Cottbus zu eröffnen und einen Termin zur Hauptverhandlung anzuberaumen. Die Fortdauer der Untersuchungshaft sollte aus den Gründen des Erlasses beschlossen werden.

Mit Beschluss vom 1. April 1980 wurde das Hauptverfahren gegen Karlheinz Blaurock eröffnet. Verhandlungstage unter dem Vorsitz von Richterin Jentsch waren der 21., 22., 24., 25. und 29. April 1980.

Wir wollen darüber aber an dieser Stelle nur kurz berichten, da die wesentlichen Fakten bereits bekannt sind. In der Hauptverhandlung gegen den Arzt Karlheinz Blaurock wurde unter anderem wegen mehrfachen versuchten Mordes für Recht erkannt:

1. Der Angeklagte wird wegen mehrfacher Verbrechen des versuchten Mordes in Tateinheit mit teils vollendeten, teils versuchten sexuellen Missbrauchs – in einem Fall auch in Tateinheit mit sexuellen Missbrauchs eines Kindes – gem. §§ 112 Abs. 1 und 3, 122 Abs. 1 und 3, Ziff. 1 und 3, Abs. 5, 148 Abs. 1 StGB sowie wegen mehrfacher Verbrechen des vollendeten und versuchten sexuellen Missbrauchs gem. § 122 Abs. 1, 2 und 3, Ziff. 3 Abs. 5 StGB zu
        lebenslänglicher Freiheitsstrafe
verurteilt.

2. Im Übrigen wird der Angeklagte freigesprochen.
3. Gemäß § 58 Abs. 3 StGB werden dem Angeklagten die staatsbürgerlichen Rechte für dauernd aberkannt.
4. Gemäß § 55 StGB wird dem Angeklagten die Approbation als Arzt entzogen.
5. Außerdem wird der Angeklagte zum Schadenersatz verurteilt, insgesamt in Höhe von 309,00 Mark.
6. Die Auslagen des Verfahrens trägt zu 1/20 der Staatshaushalt. Im Übrigen werden sie dem Angeklagten auferlegt.

Wir lesen in den Gründen, dass sich der Angeklagte auf jede Straftat gezielt und intensiv vorbereitete, wobei er besonderen Wert darauf legte, nicht als Täter identifiziert zu werden. Generell trug er seine Brille nicht, kleidete sich dunkel (schwarze Lederjacke und schwarzer Trainingsanzug), trug geräuscharmes Schuhwerk und suchte sich für die Überfälle bevorzugt wenig belebte und unbeleuchtete Straßen aus. Um Fingerspuren zu vermeiden, trug er Handschuhe oder verwendete einen Waschlappen. Bevor er die Wohnungen unberechtigt betrat, löste er die elektrischen Sicherungen.

Punkt 2 des Urteils mag dagegen ein wenig verwundern. Ein Freispruch? Ja, denn mit der Anklage und dem damit übereinstimmenden Eröffnungsbeschluss wurde dem Angeklagten auch vorgeworfen, in der Nacht vom 27. zum 28. April 1979 eine Frau in Senftenberg sexuell missbraucht zu haben. Nach Prüfung der Aussagen der angeblich im Nachtschlaf Geschädigten und des Angeklagten, der die Tat vage zugegeben hatte, kam das Gericht aber zur Überzeugung, dass sich dieser Anklagepunkt nicht als begründet erwies, so dass gem. § 244 Abs. 1 StPO der Freispruch zu erfolgen hatte. Berücksichtigt wurde dabei auch, dass die Beschreibungen des Schlafraumes durch die Zeugin und den Angeklagten erheblich abwichen, so dass in der gerichtlichen Hauptverhandlung von einer Erweiterung der Anklage nach § 237 StPO im Hinblick auf das Eingestandene, im Monat März eine unbekannte ältere Frau sexuell missbraucht zu haben, nicht Gebrauch gemacht worden war.

Rechtsanwalt Günter Geißler aus Cottbus, der Karlheinz Blaurock vor Gericht vertrat, legte am 30. April 1980 gegen das Urteil des Bezirksgerichts Cottbus vom 29. April 1980 Berufung ein, die das Oberste Gericht der DDR, 1. Strafsenat, im Juni 1980 als unbegründet zurückwies. Das Urteil wurde damit rechtskräftig.

Blaurocks Eltern stellten am 26. September 1988 ein Gnadengesuch mit dem Ziel, die lebenslange Freiheitsstrafe in eine zeitige umzuwandeln. Die Dauer der Strafenverwirklichung wurde wegen der Schwere der durch ihn begangenen Verbrechen noch nicht als ausreichend angesehen. Seit August 1980 »verwirklichte« der Verurteilte seine Strafe in der Strafvollzugseinrichtung Bautzen II, wo der bisherige Erziehungsprozess im Wesentlichen als positiv eingeschätzt wurde: »Seine Einstellung zur Straftat und Grundhaltung zur Politik der DDR sowie der Einfluss der Eltern«, heißt es in einem Schreiben vom 29. November 1988 von Abteilungsleiter Müller der Staatsanwaltschaft an den Bezirksstaatsanwalt Cottbus, »wirken sich positiv auf den Verlauf der Erziehung aus.«

Der Bezirksstaatsanwalt entschied ein Jahr später positiver. Aufgrund eines Gnadenentscheids vom 8. Dezember 1988 wurde als neues Ende des Freiheitsentzugs der 30. Mai 1994 festgesetzt, und das war schon ein kleiner Erfolg.

Die Eltern ließen aber immer noch nicht locker. Im Schreiben vom 15. Dezember 1989 an den Direktor des Bezirksgerichts Cottbus Dr. Keil baten sie inständig um Haftentlassung ihres Sohnes und gleichzeitig um einen Wohnraum in Berlin. Ihnen schwebte eine Strafaussetzung auf Bewährung vor. Ihr Sohn arbeite aufgrund seiner Ausbildung als Krankenpfleger im Krankenhaus der Strafvollzugsanstalt. Ihm wurde von seinem Erzieher eine sehr hohe Einsatzbereitschaft bis an die Grenze seiner Belastbarkeit attestiert.

Die Eltern schrieben: »Wir standen während der gesamten Haftzeit in enger Verbindung zu unserem Sohn Karlheinz und sehen es als große Verpflichtung an, ihm nach den langen Jahren der Strafverbüßung bei der Wiedereingliederung fest zur Seite zu stehen. Das würde uns wesentlich erleichtert werden, wenn unser Sohn hier in Berlin ansässig werden könnte.«

Und so geschah es dann auch. Die Strafe wurde auf Bewährung ausgesetzt – auf Antrag des Staatsanwaltes des Bezirkes Cottbus. Mit Beschluss des Bezirksgerichts Cottbus, 2a Strafsenat, vom 31. Januar 1990 wurde Karlheinz Blaurock eine Bewährungszeit von fünf Jahren auferlegt. Der Tag der Entlassung aus der Strafvollzugseinrichtung wurde auf den 26. März 1990 festgesetzt und verfügt.

Hippokrates (460 – um 377 v. u. Z.) war ein griechischer Arzt, der die wissenschaftliche Heilkunde und die ärztliche Ethik begründete. In seinem berühmten Eid lesen wir: »Ärztliche Verordnungen werde ich treffen zum Nutzen der Kranken nach meiner Fähigkeit und meinem Urteil; drohen ihnen aber Gefahr und Schaden, so werde ich sie davor bewahren. Ich werde niemandem ein tödliches Mittel verabreichen.«

Wer sich in der Kriminalgeschichte auskennt, weiß, dass eine ganze Schar von Medizinern Hippokrates verriet. Erinnert sei an den berühmt-berüchtigten englischen Arzt Dr. med. Hawley Crippen, der Anfang des 20. Jahrhunderts seine Frau Belle Elmore ermordete und ihre Leiche zerstückelte, um anschließend mit seiner Geliebten Ethel Le Neve zu leben. Bei der Ankunft in Kanada, wohin die beiden mit dem Schiff *Montrose* flohen, wurden sie verhaftet. Der aufsehenerregende Prozess in London endete mit dem Todesurteil für den Arzt; er wurde 1910 hingerichtet. Seine Freundin Ethel konnte hingegen von der Anklage der Mittäterschaft freigesprochen werden.

Den Eid des Hippokrates hatte Karlheinz Blaurock nicht bei seiner ärztlichen Tätigkeit im Krankenhaus gebrochen, denn darüber wurde von seinen Vorgesetzten nur Gutes berichtet, und er hätte ein erfolgreicher Mediziner werden können. Aber außerhalb der Klinikmauern gab es eine weitere, Angst einflößende Seite des Arztes ... Also doch: massiver Verrat an Hippokrates!

Blicken wir noch einmal zurück, an den Anfang unseres Berichts. Schritt für Schritt hatte Karlheinz Blaurock im Ermittlungs- und Gerichtsverfahren gestanden, seine

Missetaten zugegeben, und auch wir haben Akte um Akte mehr erfahren. Aber einige Fragen bleiben: Hat er wirklich alles ausgesagt? Stand am Ende die reine Wahrheit, die im langen Untersuchungsprozess immer mal wieder an die Tür geklopft hatte?

Wie dem auch sei – die Genugtuung über den Triumph des Rechtes, über die vollständige Aufklärung der Verbrechen und über die Bestrafung des Täters hat oft einen bitteren Beigeschmack und ist mit »Kollateralschäden« verbunden – ein Kind verlor seinen Vater, Eltern ihren Sohn. Dennoch kann es am Sinn der Strafverfolgung auch in diesem Fall keinen Zweifel geben.

Wolfgang Schorlau hat in seinem achten Dengler-Fall *Die schützende Hand* erzählt, dass eine Taschendiebin nur zweimal durch das Foyer eines großen Stuttgarter Hotels lief, wenn sie knapp bei Kasse war. Sie wurde nie ertappt. Dann hatte sie zunehmend Schmerzen in der rechten Hand und schulte um – sie wurde eine gefragte Computerexpertin. Nun kann Taschendiebstahl kriminologisch und auch sonst hinsichtlich der Schwere der Tat nicht mit versuchten Morden verglichen werden. Dennoch hoffen und wünschen wir, dass Karlheinz Blaurock nach seiner Haftentlassung noch einmal umgeschult und seine Vergangenheit hinter sich gelassen hat. Vielleicht mit weiterer Unterstützung seiner Eltern, die für ihren Sohn nach seiner Verhaftung Großartiges geleistet haben.

Literatur

Akten BStU: BV Berlin AU Nr. 4064/87 Bd. 1, BV Berlin AOP Nr. 1331/88 Bd. 1, HA VIII Nr. 3170, HA XXII Nr. 88 Bd. 8, Diszi Nr. 7094/92, BV Berlin AKG Nr. 4349, AOP 1331/88 Handakte (Der Telefonmörder von Marzahn).
ZAIG Nr. 2931, HA VII Nr. 1028, HA IX Nr. 17572, BV Berlin XV 1146/79 Nr. 3421/80 Bd. 1 bis 7, Gerichtsakten AU 3421/80 Bd. 8 bis 13 (Postraub am Spreekanal).
Archiv der Außenstelle Frankfurt/Oder und Cottbus C AU 1820/80, Bd. 3, 5, 6, 7, 8, 9, 10, 11, 13 und 17, BV Cottbus ZMA AI 002565, HA IX, AG Koordinierung ZI, HA IX Nr. 18794, HA IX 9584, HA IX Nr. 17754 (Hippokratischer Verrat).
Albrecht, Barbara/Albrecht, Günter (Hrsg.): *Der Eid des Hippokrates. Ärzteerinnerungen aus vier Jahrhunderten. Von Paracelsus bis Paul Ehrlich.* Buchverlag Der Morgen. Berlin 1979.
Die Bau- und Kunstdenkmale in der DDR. Hauptstadt Berlin. Bde. I und II. Hrsg. vom Institut für Denkmalpflege. Gesamtredaktion Heinrich Trost. Henschelverlag Kunst und Gesellschaft. Berlin 1983 und 1987.
Doyle, Arthur Conan: *Die Abenteuer von Sherlock Holmes. Sämtliche Sherlock-Holmes-Erzählungen.* Bde. I und II. Gustav Kiepenheuer Verlag. Leipzig/Weimar 1983.
Enzensberger, Hans Magnus: *Hammerstein oder Der Eigensinn. Eine deutsche Geschichte.* Suhrkamp Verlag. Frankfurt am Main 2008.
Freud, Sigmund: *Psychoanalyse. Ausgewählte Schriften zur Neurosenlehre, zur Persönlichkeitspsychologie, zur Kulturtheorie.* Reclams Universal-Bibliothek Band 1065. Leipzig 1984.
Mankell, Henning: *Mord im Herbst. Ein Fall für Kurt Wallander.* dtv. München 2015.
Raeke, Wolfgang: »Rückfall im sexuellen Rausch«. In: *Wir im Quartier,* 15/2016, S. 22-23.
Schlebeck, Heide: »Umfrage als Vorwand und Mordversuche per Telefon. Kinder und Frauen aus Marzahn waren die Opfer. Unser Gerichtsbericht«. In: *Berliner Zeitung,* 3. Mai 1988.

Schorlau, Wolfgang: *Die schützende Hand. Denglers achter Fall.* Kiepenheuer & Witsch. Köln 2015.

Schulz, W.: Die *Untersuchung unnatürlicher Todesfälle.* Ministerium des Innern. Publikationsabteilung. Berlin 1965.

Starke, Kurt/Friedrich, Walter: *Liebe und Sexualität bis 30.* VEB Deutscher Verlag der Wissenschaften. Berlin 1986.

Stelzer, Ehrenfried (Hrsg.): *Sozialistische Kriminalistik. Naturwissenschaftlich-technische Kriminalistik (Kriminaltechnik).* Bd. 2. VEB Deutscher Verlag der Wissenschaften. Berlin 1979.

Updike, John: *Wie man Amerika gleichzeitig liebt und verlässt. Kurzgeschichten.* (Spektrum 248). Verlag Volk und Welt. Berlin 1989.

Abkürzungen

Abs.	Absatz
Abt.	Abteilung
ABV	Abschnittsbevollmächtigter
AG	Arbeitsgruppe
AZ	Aktenzeichen
BStU	Der/Die Bundesbeauftragte für die Unterlagen des Staatssicherheitsdienstes der ehemaligen DDR
BV	Bezirksverwaltung
DDR	Deutsche Demokratische Republik
DHF	Diensthundeführer
DHG	Diensthabende Gruppe (der Kriminalpolizei)
DVP	Deutsche Volkspolizei
GMI	Gerichtsmedizinisches Institut
GST	Gesellschaft für Sport und Technik
IKM	Inoffizieller Kriminalpolizeilicher Mitarbeiter
K	Kriminalpolizei
KP	(Vordruck der) Kriminalpolizei
KT	Kriminaltechnik
MdI	Ministerium des Innern
MfS	Ministerium für Staatssicherheit
MUK	Morduntersuchungskommission
N	Nachrichten
NVA	Nationale Volksarmee
OTS	Operativ-technischer Sektor (des MfS)

PDB	Personendatenbank
PdVP	Präsidium der Volkspolizei
Pkw	Personenkraftwagen
SK	Spezialkommission
StGB	Strafgesetzbuch
StPO	Strafprozessordnung
Tgb.-Nr.	Tagebuch-Nummer
VDE	Verband Deutscher Elektrotechniker
VEB	Volkseigener Betrieb
VP	Volkspolizei
VPI	Volkspolizeiinspektion
VPKA	Volkspolizeikreisamt
v. u. Z.	vor unserer Zeitrechnung
Ziff.	Ziffer
ZPDB	Zentrale Personendatenbank